선택하는 식재료 리스트

식이섬유	미네랄	지방	탄수화물
장의 움직임을 활발하게 하고, 여분의 지방과 당질을 배출해준다. 설사를 할 때는 양을 줄인다.	생명 유지를 위해 꼭 필요한 성분으로, 신체의 기능을 조절하고 유지한다. 비타민과 마찬가지로 체내에서는 만들어지지 않는다.	세포막을 정상으로 유지하고, 체내 에너지원이 된다. 등푸른생선과 육류 섭취를 중심으로 하고, 기름은 가끔씩 섭취하도록 한다.	개의 경우, 소화를 하긴 해도 잘되는 편은 아니다. 고기나 생선이 없는, 밥과 스프의 날을 따로 만든다.
◆ 파슬리 ▲ 잎새버섯 ▲ 양송이버섯 낫토	★ 콩팥　　바질 　　　　　시나몬 ★ 정어리　생강 ★ 고등어　타임 　　　　　울금 ◆ 파슬리　된장 ◆ 청차조기　낫토 ▲ 잎새버섯　《열성》 ▲ 양송이버섯　생강가루	★ 소고기　호두 ★ 고등어　참기름 ★ 은어　　아마인유 　　　　　대마유 ◆ 청차조기　염소젖	◆ 단호박 찹쌀
◆ 브로콜리　◆ 블루베리 ◆ 고구마　　◆ 크랜베리 ◆ 콜리플라워　◆ 사과 ◆ 감자　　　◆ 파인애플 ◆ 배추　　　▲ 표고버섯 ◆ 양배추　　▲ 새송이버섯 ◆ 꼬투리강낭콩　▲ 목이버섯 ◆ 토란　　　▲ 팽이버섯 ◆ 옥수수　　콩 ◆ 연근　　　퀴노아 　　　　　아스파라거스	★ 가다랑어　▲ 목이버섯 ★ 굴　　　　▲ 팽이버섯 ◆ 케일　　　퀴노아 ◆ 무화과　　두유 ◆ 브로콜리　콩 ◆ 크랜베리　보리새우 ◆ 쑥갓　　　치즈 ▲ 새송이버섯　우메보시 ▲ 표고버섯　팥 ▲ 나도팽나무버섯　아스파라거스	★ 돼지고기 ★ 꽁치 ★ 달걀 치즈 콩가루 깨	◆ 옥수수 ◆ 감자 ◆ 고구마 ◆ 참마 ◆ 토란 백미 현미 수수 퀴노아 아마란스
◆ 우엉　　　◆ 배 ◆ 셀러리　　◆ 복숭아 ◆ 양상추　　◆ 딸기 ◆ 청파파야　▲ 만가닥버섯 ◆ 동아　　　비지 ◆ 여주　　　율무가루 　　　　　오트밀	◆ 아보카도　◆ 모로헤이야 ◆ 우엉　　　◆ 물냉이 ◆ 가지　　　▲ 만가닥버섯 ◆ 청파파야　두부 ◆ 동아　　　비지 ◆ 여주　　　큰실말	비지	율무가루 보리 밀 조 메밀
◆ 바나나　김 ◆ 키위　　한천 ◆ 아보카도　톳	◆ 바나나　김 ◆ 곶감　　미역 　　　　　톳 　　　　　다시마 　　　　　한천	◆ 바나나 ◆ 곶감 ◆ 아보카도	◆ 바나나

STEP 3 밸런스를 본다

평성의 재료를 중심으로 온열성과 냉한성에 치우쳐 있지는 않은지 확인한다.
추운 시기에는 온열성 채소를, 더운 시기에는 냉한성 채소를 많이 활용한다.

★ = 주식이 되는 육류·어류 등
◆ = 채소·과일
▲ = 버섯류

● 계절별 식성의 밸런스

기본 (봄·가을)	= 온열성 2 : 평성 6 : 냉한성 2
겨울	= 온열성 3 : 평성 6 : 냉한성 1
여름	= 온열성 1 : 평성 6 : 냉한성 3

Original Japanese title: INU GOHAN NO KYOKASHO
© Tomoko Hyomori 2018
Original Japanese edition published by Seibundo Shinkosha Publishing Co., Ltd.
Korean translation rights arranged with Seibundo Shinkosha Publishing Co., Ltd.
through The English Agency (Japan) Ltd. and Korea Copyright Center Inc.

이 책은 (주)한국저작권센터(KCC)를 통한 저작권자와의 독점계약으로 레드스톤(인터파크)에서 출간되었습니다.
저작권법에 의해 한국 내에서 보호를 받는 저작물이므로 무단전재와 복제를 금합니다.

기본 육수로 손쉽게 만드는 행복 밥상

강아지 밥의 교과서

효오모리 토모코 _애견 건강식 전문가

레드스톤

썰고

익히고

담아서

냄비 하나, 10분이면 충분하다.
몸에 좋은, 국물 자작한 밥을 추천합니다!

머리말

저는 '손어림'이란 말을 아주 좋아합니다. 딱 알맞은 정도라든가 손에 집히는 정도라든가 손짐작이라는 의미입니다.

매일 계량저울과 계량스푼으로 계량해가며 매번 100점짜리 밥을 만들어주어야만 사랑하는 반려견이 건강해지는 걸까요? 공들여 만드는 날도 있겠지만, 남은 반찬을 한데 모아 대충대충 만드는 날도 있는 법. 일상이라는 게 그런 거 아닐까요? 가끔은 여왕의 식탁처럼 화려해도 좋고, 때론 잔반 처리처럼 초라해도 상관없어요. 너무 열심히 하려고 덤비면 그만큼 기대치가 커서 오히려 쉽게 낙담할 수 있고, 쓸데없이 스트레스를 받을 수도 있으니까요.

우리가 살고 있는 이 지구에는 넓은 바다와 풍요로운 대지에서 자라는 먹거리가 넘쳐납니다. 신선한 먹거리가 곳곳에 널려 있는데, 왜 반려견에게는 마른 가공식품만 먹이는 걸까요? 어느 날 그런 의문이 들었습니다. 개들도 사람과 마찬가지로 지구에 사는 동물입니다. 다소 구조의 차이는 있어도 크게 다르지 않지요. 만약 우리가 매일 마른 가공식품만 먹어야 한다고 생각해보세요. 정말 끔찍하지 않나요? 물론 가끔은 마른 가공식품도 괜찮겠죠. 하지만 이왕이면 제철 음식을 먹으며 계절의 맛을 즐기고 싶지 않나요? 사랑하는 반려견과 함께 말이지요.

이 책은 "사랑하는 반려견을 위해 손수 공들인 요리를 하자"고 외치며 여러분을 부추기려는 게 아닙니다. 아무리 가사를 소홀히 해도 본인들이 먹을 밥은 짓듯이, 반려견을 위한 밥도 그저 당연한 듯 이루어졌으면 좋겠다는 바람을 담아보았어요. 아무리 귀찮아도 끼니는 챙겨먹어야 하니까요. 사랑하는 반려견을 위해 이 책을 손쉽게 활용해 주신다면 영광이겠습니다.

효오모리 토모코

CONTENTS

CHAPTER 1　국물 자작한 밥 추천

1 ⋯ 3종류의 육수를 이용하여 국물 자작하게! ⋯⋯⋯⋯⋯⋯⋯⋯ 12
2 ⋯ 걸쭉하게 만들면 몸에도 좋고 먹기도 쉽다 ⋯⋯⋯⋯⋯⋯⋯ 14
3 ⋯ 편리한 간단 영양 토핑! ⋯⋯⋯⋯⋯⋯⋯⋯⋯⋯⋯⋯⋯⋯⋯ 16
4 ⋯ 1일 섭취 분량과 배합의 기준은? ⋯⋯⋯⋯⋯⋯⋯⋯⋯⋯⋯ 18
5 ⋯ 따라 하기! 간단한 일주일 메뉴 ⋯⋯⋯⋯⋯⋯⋯⋯⋯⋯⋯⋯ 20
6 ⋯ 냄비 하나로 10분간! 기본 조리법 ⋯⋯⋯⋯⋯⋯⋯⋯⋯⋯⋯ 22
7 ⋯ 직접 만드는 요리의 기본 규칙 ⋯⋯⋯⋯⋯⋯⋯⋯⋯⋯⋯⋯⋯ 24
8 ⋯ 이런 식재료는 조심하자! ⋯⋯⋯⋯⋯⋯⋯⋯⋯⋯⋯⋯⋯⋯⋯ 26

　　반려견이 나에게 가르쳐준 것 1
　　반려견들에게 배운 〈일상의 끼니〉 ⋯⋯⋯⋯⋯⋯⋯⋯⋯⋯⋯ 28

CHAPTER 2　목적별 건강 레시피

1 ⋯ 면역력 UP에 도움이 되는 레시피 ⋯⋯⋯⋯⋯⋯⋯⋯⋯⋯⋯ 30
2 ⋯ 암 케어에 도움이 되는 레시피 ⋯⋯⋯⋯⋯⋯⋯⋯⋯⋯⋯⋯ 34
3 ⋯ 위장 케어에 도움이 되는 레시피 ⋯⋯⋯⋯⋯⋯⋯⋯⋯⋯⋯ 36
4 ⋯ 피부 케어에 도움이 되는 레시피 ⋯⋯⋯⋯⋯⋯⋯⋯⋯⋯⋯ 40
5 ⋯ 간 케어에 도움이 되는 레시피 ⋯⋯⋯⋯⋯⋯⋯⋯⋯⋯⋯⋯ 42
6 ⋯ 관절 케어에 도움이 되는 레시피 ⋯⋯⋯⋯⋯⋯⋯⋯⋯⋯⋯ 46
7 ⋯ 신장 케어에 도움이 되는 레시피 ⋯⋯⋯⋯⋯⋯⋯⋯⋯⋯⋯ 48
8 ⋯ 심장 케어에 도움이 되는 레시피 ⋯⋯⋯⋯⋯⋯⋯⋯⋯⋯⋯ 52
9 ⋯ 눈 케어에 도움이 되는 레시피 ⋯⋯⋯⋯⋯⋯⋯⋯⋯⋯⋯⋯ 54
10 ⋯ 혈액순환에 도움이 되는 레시피 ⋯⋯⋯⋯⋯⋯⋯⋯⋯⋯⋯ 56
11 ⋯ 당뇨병 케어에 도움이 되는 레시피 ⋯⋯⋯⋯⋯⋯⋯⋯⋯⋯ 58
12 ⋯ 췌장염 케어에 도움이 되는 레시피 ⋯⋯⋯⋯⋯⋯⋯⋯⋯⋯ 59
　　병이 나면 주의해야 할 식재료 랭킹 ⋯⋯⋯⋯⋯⋯⋯⋯⋯⋯⋯ 60

　　원 포인트 어드바이스 1
　　장에 좋고 시간도 절약되는 유산발효 절임을 만들어보자 ⋯⋯ 62

CHAPTER 3　계절에 어울리는 레시피

춘분(2～3월) ⋯⋯⋯⋯⋯⋯⋯⋯⋯⋯⋯⋯⋯⋯⋯⋯⋯⋯⋯⋯⋯ 64
입하(4～5월) ⋯⋯⋯⋯⋯⋯⋯⋯⋯⋯⋯⋯⋯⋯⋯⋯⋯⋯⋯⋯⋯ 66
장마(6～7월) ⋯⋯⋯⋯⋯⋯⋯⋯⋯⋯⋯⋯⋯⋯⋯⋯⋯⋯⋯⋯⋯ 68
대서(7～8월) ⋯⋯⋯⋯⋯⋯⋯⋯⋯⋯⋯⋯⋯⋯⋯⋯⋯⋯⋯⋯⋯ 70
입추(8～9월) ⋯⋯⋯⋯⋯⋯⋯⋯⋯⋯⋯⋯⋯⋯⋯⋯⋯⋯⋯⋯⋯ 72
추분(10～11월) ⋯⋯⋯⋯⋯⋯⋯⋯⋯⋯⋯⋯⋯⋯⋯⋯⋯⋯⋯⋯ 74
대한(12～1월) ⋯⋯⋯⋯⋯⋯⋯⋯⋯⋯⋯⋯⋯⋯⋯⋯⋯⋯⋯⋯⋯ 76

　　반려견이 나에게 가르쳐준 것 2
　　나쟈와 살면서 탄생한 국물 자작한 밥 ⋯⋯⋯⋯⋯⋯⋯⋯⋯⋯ 78

CHAPTER 4 　 열두 달의 성찬 & 디저트

- 1월　무병장수를 바라는 정월 요리 …………………………… 80
- 2월　냉병 대책에 도움 되는 절분의 노란 도깨비 ……………… 82
- 3월　면역력 UP! 히나마츠리의 오시즈시(틀초밥/누름초밥) …… 83
- 4월　봄의 디톡스 사블레(버터쿠키) ……………………………… 84
- 5월　바이러스 대책에 도움이 되는 투구 모양 튀김 …………… 85
- 6월　위장 케어에 도움이 되는 수국 경단 ……………………… 86
- 7월　여름철 피로 회복! 프로즌 요구르트 ……………………… 87
- 8월　여름 더위를 방지하는 봉봉 한천 ………………………… 89
- 9월　환절기의 체력 회복 보름달 경단 ………………………… 90
- 10월　건조함으로부터 점막을 보호해주는 밤 만주 ……………… 91
- 11월　단풍의 계절에 월동준비 경단 ……………………………… 92
- 12월　몸을 따스하게 하는 로스트 플레이트 …………………… 93
- 　　　일상적인 간식 : 말린 과일 & 육포 …………………………… 94
- 　　　원 포인트 어드바이스 ②
- 　　　우유와 레몬즙만으로 코티지치즈를 만들자 ………………… 96

CHAPTER 5 　 개의 몸과 영양학

- 1 … 개는 육식일까, 잡식일까? …………………………………… 98
- 2 … 드라이 푸드, 생식, 가열식의 차이 ………………………… 100
- 3 … 밥이 대변, 소변이 되기까지 ……………………………… 102
- 4 … 내장은 무슨 일을 할까? …………………………………… 104
- 5 … 대변으로 알 수 있는 개의 건강 상태 ……………………… 106
- 6 … 알아두면 좋은 5대 영양소의 역할 ………………………… 108
- 7 … 수분 밸런스를 유지하려면? ……………………………… 112
- 8 … 몸의 냉병을 예방하기 위해서는? ………………………… 114
- 9 … 약선의 지혜, 몸을 따듯하게 · 차게 하는 식재료 ………… 116
- 　　반려견이 나에게 가르쳐준 것 3
- 　　나쟈의 생명이 위태로웠을 때 생각한 우리 집의 QOL ……… 117

CHAPTER 6 　 식재료 사전

- 1 … 육류 · 달걀 …………………………………………………… 120
- 2 … 어류 …………………………………………………………… 122
- 3 … 콩류 · 대두제품 · 유제품 …………………………………… 124
- 4 … 조개류 · 해조류 ……………………………………………… 126
- 5 … 몸을 데우는(온열성) 채소 …………………………………… 128
- 6 … 평성 채소 …………………………………………………… 130
- 7 … 몸을 차게 하는(냉한성) 채소 ………………………………… 134
- 8 … 과일 …………………………………………………………… 136
- 9 … 버섯류 ………………………………………………………… 138
- 10 … 탄수화물 ……………………………………………………… 139
- 　　가르쳐주세요, 효오모리 씨!
- 　　반려견 먹거리에 관한 Q & A ………………………………… 140

이 책의 사용법

- 재료 앞에 붙어 있는 아이콘은 다음의 분류를 표시하고 있습니다. 이 분류에 대한 상세한 설명은 116쪽을 참고해주세요.
   = 몸을 데우는 식재료 (온열성)
   = 어느 쪽도 아닌 식재료 (평성)
  = 몸을 식히는 식재료 (냉한성)

- 제2장에 게재된 〈섭취하면 좋은 식재료〉의 표에서는, 목적에 따라 섭취하면 좋은 영양소별로 식재료의 예를 소개하고 있습니다. 또한 글씨의 색으로 왼쪽의 아이콘과 같이 분류하고 있습니다.

C 장을 데우는 점막변 설사 대책

D 장을 식히는 혈변 설사 대책

- 레시피에 기재되어 있는 〈식재료〉의 분량은 7kg 전후의 소형견을 기준으로 합니다. 18쪽을 참고하여 반려견의 몸에 맞는 분량으로 조절하십시오. 또한 몸의 컨디션에 따라서도 수시로 조절해주십시오.

- 레시피와 완전히 같은 재료를 넣어야만 하는 것이 아닙니다. 영양소와 식재료의 성질 등 밸런스를 가늠하여 제철 식재료로 바꾸어주는 등, 응용해서 사용하십시오.

※ 반려견에 따라 몸에 맞는 음식과 맞지 않는 음식이 다를 수 있습니다. 본서에 게재된 요리가 반려견의 몸에 맞지 않는 경우에는 무리하게 계속 먹이지 마십시오.
※ 소화 기능이 약한 반려견은, 가능한 식재료를 잘게 다지거나 요리가 완성된 상태에서 으깨어주십시오.

CHAPTER 1 국물 자작한 밥 추천

BASIC 1
3종류의 육수를 이용하여 국물 자작하게!

적절한 수분이 장기의 기능에 활력을 준다!

동물 내장기관의 정상적인 활동과 건강 유지를 위해 절대적으로 필요한 것이 수분입니다. 적절한 수분 섭취와 체내의 수분 밸런스 유지는 쉽게 병들지 않는 몸을 만드는 기본 중의 기본이지요.
3종류의 육수를 끓여놓고, 매 끼니 반려견의 밥에 활용해보면 어떨까요? 수분을 보급할 수 있을 뿐 아니라 각각의 식재료가 지닌 갖가지 효능도 얻을 수 있으니 일석이조랍니다. (하루에 필요한 수분량의 기준은 121쪽 참고)

드라이 푸드에 부어주어도 OK!

간의 독소 배출!
재첩육수

재첩육수에는 간의 독소를 배출해주는 오르니틴, '행복 호르몬'인 세로토닌을 만드는 트립토판, 피로회복과 더위로 인한 무기력증에 효과적인 타우린 등이 포함되어 있다.

만드는 법

냄비에 물 1L와 재첩 25~30개를 넣고 끓인다. 거품을 걷어내면서 5분 더 끓인 후 재첩을 빼내면 완성.

식재료 : 재첩

이럴 때 좋아요!
· 환절기에
· 간이나 신장 수치가 나쁘다
· 집에 혼자 있는 경우
· 가 많다
· 운동량이 많다
· 근력이 약한 고령견
· 전정계 질환이 있다

Check!

보존 방법은?

재첩육수와 치킨스프는 냉동실에 넣어 보관했다가 하나씩 해동하여 사용할 것을 권한다. 다시마는 왼쪽처럼 포트에 넣어서 냉장고에 보존하면 일주일 정도 사용할 수 있으며, 주인의 식사용 맛국물로도 활용할 수 있다.

항산화 작용으로 노화방지
다시마육수

항산화 작용을 높이는 푸코산틴, 장의 연동운동을 돕는 아르기닌 등을 포함하여, 활성산소를 제거하는 효과도 기대할 수 있다.

만드는 법

다시마 3~4g을 젖은 키친타월로 닦아서 잘게 썬 다음, 물 1L와 함께 포트에 넣는다. 냉장고에 하룻밤 넣어두면 완성.

식재료 : 다시마

이럴 때 좋아요!
· 비만 조짐
· 변비 조짐
· 피부에 트러블이 있다
· 암 케어의 필요
· 당뇨병 진단을 받았다

식재료 : 닭봉

면역력 UP!
치킨스프

백혈구의 움직임을 돕는 카르노민을 다량 함유하고 있으며, 뼈는 칼슘·마그네슘·린·케이소와 같은 미네랄을 섭취할 수 있다. 압력솥을 이용하면 콜라겐을 쉽게 녹일 수 있다.

만드는 법

껍질을 벗긴 닭봉 5~6개를 부엌가위로 뼈째 잘라서 물에 한 번 삶아서 건져낸다. 닭봉과 물 1L, 냉장고에 남는 채소가 있으면 같이 냄비에 넣고 끓여 거품을 걷어내면서 20~30분(압력솥이라면 약한 불에서 10분) 끓인다. 닭봉을 꺼내면 완성.

이럴 때 좋아요!
· 관절이 불안하다
· 에너지를 높이고 싶을 때
· 개 감기의 계절 (여름·겨울)
· 쉽게 설사한다

걸쭉하게 만들면 몸에도 좋고 먹기도 쉽다

건강 효과도 뛰어난 끈적끈적 & 눅진눅진

맑은 장국에 밥을 말아주면 철벅철벅하여 먹기 힘들 수도 있습니다. 그런 아이들에게는 맑은 장국을 약간 걸쭉하게 만들어주면 후루룩 쩝쩝 먹을 수 있답니다. 걸쭉하게 만드는 식재료는 여러 종류가 있으니 반려견의 건강 상태에 맞춰 고르고, 가끔 번갈아가며 줘보세요. 단 같이 먹는 식재료가 크면 후루룩 그냥 넘기는 바람에 목에 걸릴 위험도 있으니 주의!

걸쭉하면 포만감도 UP!

식이섬유가 풍부!
참마

식이섬유와 비타민 B군이 풍부해서 간이나 비장을 튼튼하게 해준다. 불에 익히지 말고 생식으로 먹일 것을 권장한다. 평소처럼 밥을 담은 다음 밥그릇에 직접 갈아주면 되니까 방법도 간단하다.

주는 법

그릇에 밥을 담은 다음, 그 위에 갈아서 전체를 손으로 섞어준다.

이럴 때 좋아요!
- 변이 딱딱하다
- 고령견
- 설사를 계속해서 점막에 상처를 입었다
- 암 케어가 필요하다

뼈를 튼튼하게 해주는
100% 갈분

칼슘 강화·골밀도 UP을 도와주는 이소플라본과 간 기능 UP·혈류개선 등의 효과를 기대할 수 있는 사포닌을 포함하고 있다. 다른 재료가 섞이지 않은 100% 갈분을 고르자.

주는 법

다른 식재료를 익혀서 그릇에 옮길 때, 끓인 국물을 조금 남겨둔다. 국물을 남겨둔 냄비에 불을 켜고 바특이 물에 녹인 갈분을 넣어 이긴 다음 그릇에 올린다. 뜨겁지 않은지 확인하고 전체를 손으로 섞어준다.

이럴 때 좋아요!
- 쉽게 설사한다
- 몸이 차다
- 비만 조짐
- 변비 조짐

다이어트에도 좋은
한천

강력한 보습력을 가진 식이섬유가 풍부해서 노폐물의 배출 촉진과 항암 작용도 기대할 수 있다. 사진에 보이는 덩어리 한천 외에도 가루로 된 한천이나 실한천도 있으므로 그대로 넣어 섞어주어도 된다.

주는 법

물에 담가 5~10분 정도 불린 다음, 식재료를 끓이고 난 냄비에 찢어서 넣고 한 번 더 끓여서 녹인다. 다 녹으면 그릇에 넣어서 식힌다.

이럴 때 좋아요!
- 수분 부족
- 비만 조짐
- 암 케어의 필요
- 고혈압·콜레스테롤 수치가 높다

끈적끈적함이 점막을 보호
끈적이는 채소

모로헤이야(멜로키아)나 오크라 등 끈적이는 채소는 진정 작용과 콜레스테롤 배출 작용이 있는 식이섬유, 점막 보호와 항암 작용이 있는 β카로틴 등이 풍부하게 함유되어 있다.

주는 법

모로헤이야나 오크라는 소금물에 데친 후 두드려서 끈적임을 낸다. 밥을 그릇에 담을 때 함께 넣어서 전체를 손으로 섞어준다.

이럴 때 좋아요!
- 위장염에 잘 걸린다
- 개 감기에 걸렸다
- 눈 케어의 필요
- 환절기에
- 심장 케어의 필요(모로헤이야)

암 케어에는 이것을 소량 플러스
해조류

미역귀, 큰실말, 팽생이모자반 같은 끈적끈적한 해조류에 포함된 알긴산이 부종 제거와 항암 작용 효과가 있다. 단, 너무 많이 먹이지 않도록 주의해야 한다. 하루 1mg 정도가 적당하며, 갑상선 질환이 있는 반려견에게는 좋지 않다.

주는 법

다른 식재료가 다 식은 후 잘게 다져 넣고 전체를 손으로 섞어준다.

이럴 때 좋아요!
- 비만 조짐
- 변비 조짐
- 당뇨병 진단을 받았다
- 암 케어의 필요
- 고혈압·콜레스테롤 수치가 높다

BASIC 3 편리한 간단 영양 토핑!

마지막에 뿌려주는 것만으로 영양 밸런스 UP

반려견의 경우, 밥에 간을 해줄 필요는 없지만 영양소를 더해준다는 의미에서는 살짝궁 토핑이 효과가 있습니다. 드라이 푸드든 손수 만든 요리든 뿌리고, 섞고, 올리는 것만으로 영양 보급이 됩니다. 반려견의 컨디션에 맞추어 건강보조제처럼 골라 넣어주세요. 언제든 쓱쓱 뿌려줄 수 있도록 작은 병 같은 곳에 상비해두면 편리합니다.

다른 식재료와의 조화도 중요해요!

아연으로 유해물질 배출
팥가루

뿌리는 것 말고도 요구르트에 섞거나 한천으로 만드는 방법도 있다. 칼륨을 제한해야 하는 반려견은 피하는 게 좋다.

이럴 때 좋아요!
- 신장 수치가 신경 쓰인다
- 부종이 있다
- 대변이 딱딱하고 변비 조짐
- 고령견

면역UP에 꼭 필요한
생강가루

소량으로도 몸속까지 따뜻하게 하고, 혈액순환을 촉진하며, 면역력 UP, 혈당치 억제 효과도 있다. 하루 귀이개 2~3술 정도까지.

이럴 때 좋아요!
- 냉병의 계절에
- 암이 있다
- 당뇨병 진단을 받았다
- 심장병 예방

계속 넣고 싶은
사과식초

골다공증이나 당뇨병 예방에 효과적. 하루에 소형견은 티스푼 1술, 대형견은 1~2작은술.

이럴 때 좋아요!
- 설사, 구토가 잦다
- 산책할 때 자꾸 풀을 먹는다
- 입 냄새가 난다
- 당뇨병 진단을 받았다
- 비만 조짐

통칭 '사마귀 제거 묘약'
율무

피부 정화를 시작으로 신진대사 촉진, 종양 억제의 효과가 있으므로 특히 습도가 높은 시기에 권장한다.

이럴 때 좋아요!
- 장마철에
- 사마귀가 잘 생긴다
- 잘 붓는다
- 암 예방 및 항암
- 피부에 염증이 있다

항산화작용이 높은
울금

소형견인 경우 하루에 귀이개로 1술까지. 간 질환이 있거나 항혈액응고제를 사용하고 있는 경우, 담석질환이 있거나 임신 중에는 주의하자.

이럴 때 좋아요!
- 디톡스 계절에
- 암 예방 및 항암
- 철분 부족
- 관절통 등 통증이 있다

이노신산이 풍부한
가츠오부시

세포를 활성화하고 신진대사를 촉진. 옥살산이 많은 채소와 세트로! 옥살산과 결합하여 배출한다.

이럴 때 좋아요!
- 옥살산이 많은 채소와 함께
- 칼슘 부족
- 식욕부진
- 고령견

칼슘이 단연 으뜸인
보리새우

풍부한 비타민이 노화를 방지해주고, 키토산은 정장작용과 면역력 업. 가끔은 밥 위에 뿌려주어도 좋다.

이럴 때 좋아요!
- 칼슘 부족
- 면역력이 떨어진다
- 동맥경화 예방
- 다리, 허리가 약한 고령견
- 고관절변형성증 등 뼈 질환이 있다

비타민과 미네랄이 풍부한
파래김

여러 영양소가 밸런스 좋게 포함되어 있다. 매일 조금씩 뿌려서 건강 유지에 힘쓰자!

이럴 때 좋아요!
- 설사나 변비가 잦다
- 운동량이 많다
- 고령견의 뼈 강화

미네랄과 식이섬유
실다시마

다시마를 식초에 절여 부드럽게 만든 다음 블록으로 굳혀 깎아낸 것. 고혈압이나 빈혈 예방, 혈당치 상승을 막는 효과를 기대할 수 있다.

이럴 때 좋아요!
- 면역력 저하
- 변비 조짐
- 비만 조짐
- 스트레스가 많다
- 빈혈

불포화지방산이 많은
검은깨, 흰깨

동맥경화, 항암, 간 기능 개선 등에 효과적. 간 깨를 한 꼬집 정도 토핑하자.

이럴 때 좋아요!
- 간 수치가 신경 쓰인다
- 심장 케어의 필요
- 암 예방 및 항암
- 고령견

α-리놀렌산이 많은
아마인유

혈관강화 등에 효과적. 소형견의 경우 주에 2~3회, 하루 1티스푼. 열에 약하므로 식힌 다음에 넣자.

이럴 때 좋아요!
- 알레르기가 있다
- 치매 예방
- 치주병이 있다
- 심장과 간 케어에

정장작용에 최고
요구르트

장이 정돈되면 면역 유지에 좋다. 저지방이나 무지방은 포도당이 많으므로 플레인 타입으로. 소형견일 경우 하루 1큰술 정도.

이럴 때 좋아요!
- 장이 약하다
- 아침에 담즙이나 위액을 토한다(자기 전에)
- 알레르기 체질
- 콜레스테롤 수치가 높다

혈전을 녹이는
낫토

얇은 막이 없어서 소화흡수 UP. 영양가가 높은 것을 고르자. 주 3~4회, 소형견 기준 하루 1작은술 정도.

이럴 때 좋아요!
- 심장과 혈액 케어의 필요
- 비만 조짐
- 당뇨병 진단을 받았을 때
- 고령견의 치매 예방
- 암 예방

잊기 쉬운 소금 보급
된장

살아가면서 나트륨은 필수이기 때문에 개에게도 소금은 필수. 건강한 반려견은 월 1회, 소형견 기준 귀이개 1술.

이럴 때 좋아요!
- 100% 집밥의 경우
  ※드라이 푸드를 먹는 반려견에게는 필요 없다
- 설사가 계속되는 경우
- 동맥경화 예방

BASIC 4 1일 섭취 분량과 배합의 기준은?

먼저 고기의 양을 정하자

일단 고기 혹은 생선의 양을 정한다. 밑에 있는 〈고기 양의 기준〉을 참고하기 바란다. 같은 체중이라도 운동량이 많은 성견은 많다 싶게, 자는 시간이 많은 고령견은 적다 싶게 주고, 상태를 보면서 양을 조절한다.

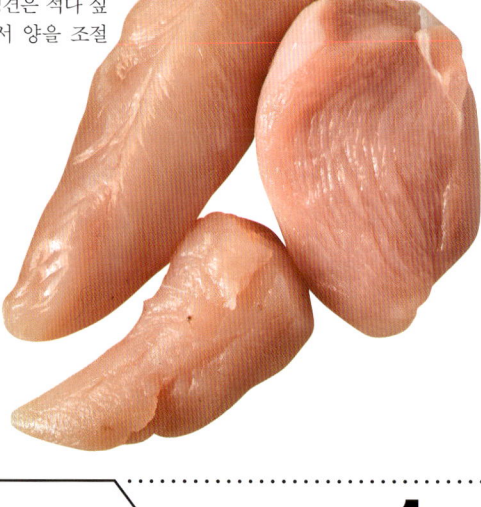

눈대중 부피로 어림짐작하자

반려견의 밥을 손수 만들고자 하면, 아무래도 영양 밸런스나 분량을 조절하는 게 신경 쓰이고 어렵게 느껴집니다. 하지만 우리가 언제나 완벽한 영양 밸런스를 계산하여 밥을 먹는 게 아닌 것처럼, 전체적 밸런스만 유지하면 됩니다. 건강한 반려견의 경우, 먼저 반려견의 체중에 따라 메인이 되는 고기 혹은 생선의 양을 정하고, 그 양과 같거나 조금 많다 싶은 정도의 채소를 준비합시다. 시판용처럼 영양이 응축되어 있지는 않으니, 보기에 드라이 푸드보다 많다 싶은 정도의 양이 좋습니다.

눈짐작의 분량으로 ▶ **고기 1**

고기 & 수분의 1일 섭취량 기준

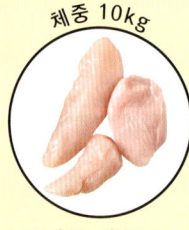

체중 5kg
고기: 100~150g
수분: 350~400ml

체중 10kg
고기: 200~250g
수분: 700~900ml

체중 20kg
고기: 330~420g
수분: 1000~1200ml

- 하루 한 시간 정도 산책하는 성견
  …… ×1
- 운동을 많이 하는 성견
  …… ×1.2
- 거의 잠만 자는 고령견
  …… ×0.7

고기의 양에 맞추어 채소를

고기 혹은 생선의 양을 정했다면, 그 양의 무게가 아니라 눈짐작으로 같은 부피 혹은 조금 많은 양의 채소를 준다. 지금까지 도그 푸드 외에 다른 음식을 준 적이 거의 없었다면, 채소는 적은 양부터 시작하자.

+ 스프 (p12)
  끈적임 (p14)
  간단 토핑 (p16)

탄수화물은 없어도 된다

일반적으로는 끼니마다 탄수화물을 먹일 필요는 없다. 단, 도그 스포츠를 한다거나 운동량이 많은 반려견에게는 조금 먹이는 게 좋다. 주 1회 정도, 고기나 생선을 빼고 탄수화물과 채소를 넣은 국물 밥으로 끼니를 주는 것도 좋다.

채소 1~2 : 탄수화물 ~0.5

 **이럴 때는 어쩌지?**

변비가 되었다

식이섬유를 줄이고 가열시간을 늘려 조리해 먹인 다음 상태를 관찰해보자. 식이섬유를 많이 함유한 식재료가 변비 예방에 좋을 것 같지만, 이미 변비인 상태에서 식이섬유를 많이 섭취하면 오히려 변비를 악화시킬 수 있으니 주의하자.

묽은 변, 설사를 일으켰다

일단 채소의 양을 줄이고, 조금씩 늘려가면서 익숙해지게 만들자. 고령견이 묽은 변, 설사를 반복하는 경우에는 소화 능력이 저하되어 있을 가능성이 높다. 무리하게 계속 만들어 먹이지 말고, 소화가 잘되는 단백질 푸드 등을 이용한 영양흡수 개선을 우선하자.

컨디션을 보아가며 양을 조절하세요!

따라 하기! 간단한 일주일 메뉴

체중 7~8kg의 건강한 성견일 경우의 예

		MON	TUE	WED
MORNING	주식	닭 가슴살 80g	정어리 1마리	말고기(뼈 포함) 100g
	채소	브로콜리 당근 무	소송채 단호박 당근 브로콜리 새싹	우엉 발효채소 당근
	스프	물 300ml	다시마육수 300ml	치킨스프 300ml
	간단 토핑	파래김 말린 잎새버섯	가츠오부시	파래김 말린 잎새버섯
	끈적임	한천	100% 갈분	한천
EVENING	주식	닭 가슴살 50g 달걀노른자 1개	오트밀 50g	말고기(뼈 포함) 90g
	채소	양배추 토마토 당근	고구마 아스파라거스 당근	오크라 콜리플라워 당근
	스프	물 300ml	치킨스프 300ml	치킨스프 300ml
	간단 토핑	참깨 말린 잎새버섯	낫토 팥가루	울금
	끈적임	큰실말	—	100% 갈분

매번 완벽하기보다 전체 밸런스를 의식하자

매번 영양 밸런스가 완벽할 필요는 없습니다. 우리들이 먹는 식사와 마찬가지로, 여러 가지 먹거리를 먹는 동안 전체 밸런스를 유지할 수 있으면 됩니다. 건강한 성견을 기준으로 했을 때, 일주일 중 1일 2회 × 7일분 = 14회의 끼니가 있다면 고기를 중심으로 하되, 생선이 3~4회, 달걀이 2회, 내장 종류 1회 정도가 좋습니다. 채소는 제철 채소를 중심으로, 기본적으로는 냉장고에 있는 채소를 사용하면 됩니다.

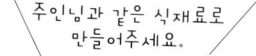
주인님과 같은 식재료로 만들어주세요.

THU	FRI	SAT	SUN
돼지고기 90g	닭고기 안심 80g	연어 90g	말고기(뼈 포함) 100g
배추 양송이 두부 당근	시금치 양배추 토마토 당근	순무와 순무잎 파프리카 셀러리	양배추 강낭콩 숙주 발효채소
재첩육수 300ml	물 300ml	재첩육수 300ml	재첩육수 300ml
청차조기	마른멸치가루 사과식초	가츠오부시 말린 잎새버섯	생강가루
—	큰실말	마	100% 갈분
돼지고기 50g 돼지 간 30g	닭고기 안심 40g 달걀 1개	사슴고기 60g	가다랑어 90g
오이 토마토 단호박	브로콜리 모로헤이야 당근 싹	케일 감자 셀러리 당근	배추 만가닥버섯 당근
재첩육수 300ml	물 300ml	물 300ml	물 300ml
파슬리 말린 잎새버섯	파래김 말린 잎새버섯	파슬리	보리새우
마	100% 갈분	100% 갈분	큰실말

냄비 하나로 10분간! 기본 조리법

1분

1 육수를 **끓인다**
12쪽의 육수 혹은 물을 냄비에 붓고 불 위에 올려놓고 끓인다.

3분

2 끓이는 동안 식재료를 **썬다**
육수가 끓는 사이 고기나 생선은 한입 크기로 자르고, 채소는 잘게 다진다.

6분

3 잘 익지 않는 순으로 넣어서 **익힌다**
육수가 끓으면 고기·생선, 채소 등의 식재료를 잘 익지 않는 순으로 냄비에 넣고 보글보글 끓인다.

보기도 좋고 맛도 좋은 레시피가 뚝딱!

사실 반려견을 위해 만드는 밥은 영양이 최우선이라, 겉모양이나 맛 같은 것은 신경 쓸 필요가 없어서 우리가 먹는 밥에 비하면 아주 간단합니다. 국물 자작한 밥의 경우는, 뭐든 일단 끓여서 내는 죽과 마찬가지로 냄비에 물과 식재료를 넣어 끓이기만 하면 됩니다. 식사 준비를 하면서 냄비 하나로 뚝딱 만들어봅시다. 오히려 10분 이상 걸린다면 시간을 너무 투자하는 게 아닐까 싶을 정도입니다.

내가 좋아하는 게 들어있으면 좋겠당~

8분

4 다 익으면 그릇에 옮긴다

식재료가 다 익으면 불을 끄고 냄비의 내용물을 그릇에 옮긴다.

9분

5 잘게 찢어주면서 식힌다

그대로 식기를 기다리든지, 보냉제 등을 이용하여 식힌다. 식히는 사이 식재료를 잘게 찢어주는 것도 좋다.

10분

6 마지막에 토핑

열이 다 식으면 열에 약한 영양소를 함유한 식재료를 토핑한다. 전체를 손으로 잘 섞어주면 완성!

\ 완성

BASIC 7 직접 만드는 요리의 기본 규칙

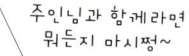

가장 중요한 것은 반려견과 주인의 행복!

이 책에 소개한 레시피는 영양학적 밸런스와 약이 되는 식사의 밸런스, 그리고 필자의 경험을 통해 완성된 것입니다. 단, 절대 손수 만들어야만 한다든가, 무엇을 어떻게 해야만 한다는 집착은 버립시다. 그런 게 편견의 원흉이 되거든요. 할 수 있는 일을 조금씩, 혹은 할 수 있을 때 할 수 있는 만큼 하면 됩니다. 만약 반려견의 끼니를 만드는 것이 부담스럽게 느껴진다면 바로 그만둡시다. 반려견과 주인이 건강하고 행복하다면, 그게 바로 정답이니까요.

규칙 1
식재료는 번갈아가며 준다

모든 식재료는 약효를 지니고 있어서 적당량을 먹으면 약이 되고 과잉 섭취하면 독이 된다. 같은 먹거리를 계속 주면 그 디메리트가 축적되기 때문에 드라이 푸드든 손요리든 번갈아가며 주는 것이 기본이다.

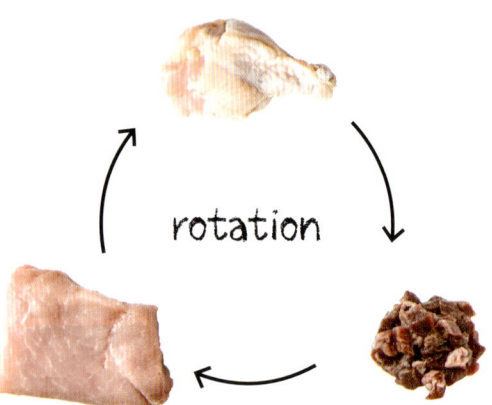

규칙 2
제철 식재료를 적극 활용한다

먹거리에는 제철이 있어서 계절에 따라 필요한 역할이 있다. 요즘은 제철이라는 말이 무색하게 연중 같은 채소를 살 수 있게 되었지만, 1년 내내 같은 것만 먹이기보다는 조금씩이라도 제철 식재료를 의식하여 여러 종류를 먹이도록 하자.

규칙 3
곡류와 단백질은 따로 먹인다

곡류와 단백질은 소화 시간이 다르다. 개의 경우, 고기가 12시간 정도에 장을 통과하는 데 비해 곡류는 30시간 전후가 걸린다. 장에 부담을 주지 않기 위해서는 곡류와 단백질은 따로 먹이는 것이 좋다.

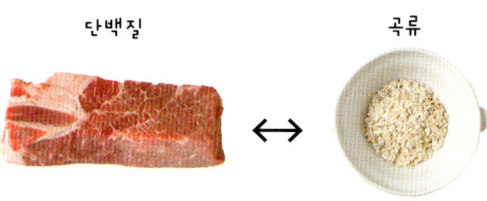

규칙 4
내장 종류는 적당히 먹인다

내장 종류의 고기를 좋아하는 아이가 많은데, 너무 자주 먹이는 것은 좋지 않다. 주당 1회 정도가 적당한데, 매일 먹인다면 하루 고기 양의 8분의 1 정도가 좋다. 간을 먹이면 비타민 A군이 너무 많아지므로 청차조기, 당근 등 비타민 A군의 채소는 줄이자.

많이 먹이지 않도록 주의!

규칙 5
손으로 섞어줌으로써 영양 UP

손에는 상재균(常在菌, resident)이 있어서 드라이 푸드라고 해도 손으로 섞어주면 유효성분이 늘어난다고 한다. 상재균의 종류나 수는 사람에 따라 달라서 주먹밥이나 쌀겨절임 등 직접 손으로 만드는 먹거리는 만드는 사람에 따라 맛이 달라진다.

손으로 섞어주는 것이 포인트!

규칙 6
눈앞의 반려견을 잘 관찰한다

어떤 반려견이든 '절대적'이라는 건 없다. 계절, 컨디션, 연령 등에 따라 변하기 마련이다. 매일매일 눈앞의 반려견을 잘 관찰해서 주인이 판단할 수밖에 없다. 변의 상태, 털의 윤기, 체중, 기운, 눈의 활력 등을 잘 보고, 변화를 찾아내는 것이 중요하다.

오늘도 식욕 왕성

이런 식재료는 조심하자!

반려견의 몸 상태에 따라 피해야 할 식재료!

파, 초콜릿, 카페인 등 사람들의 일상적인 먹거리가 반려견에게는 위험할 수 있다는 사실은 잘 알려져 있습니다. 더불어 반려견이 앓고 있는 병이나 상태에 따라 피해야 할 것들이 있으니 그 부분도 알아두면 좋을 것입니다(60쪽 참고). 또한 옥수수 속대나 사람의 약 같은 경우 잘못 먹으면 죽을 수도 있으므로 반려견이 닿을 수 없는 장소에 두도록 주의합시다.

주기만 하면 뭐든 먹어버리겠엉!

! 양배추, 브로콜리 등
배추과 채소

 갑상선 질환의 반려견에게는 NG

순무, 무, 콜리플라워 등 냉장고에 들어 있는 채소의 약 70%가 배추과인데, 요오드의 흡수를 방해하기 때문에 갑상선 질환을 앓고 있는 반려견에게는 좋지 않다. 고령견에게는 잘 익혀 주어서 갑상선에 미치는 영향을 줄이고, 소화 흡수가 잘 되도록 하자.

! 가지, 피망 등
가지과 채소

 익혀서 주는 것이 좋다

가지, 피망, 감자, 토마토 등 가지과의 채소는 몸을 차게 하는 것이 많기 때문에 건강하다고 하더라도 익혀서 주는 편이 좋다. 또한 관절염이나 필라리아(사상충) 등의 기생충에 감염된 경우에는 피하도록 하자.

기타, 피해야 할 식재료

• 양파, 파, 부추 등
백합과 파속의 채소는 빈혈을 일으킬 가능성이 높다. 마늘은 아주 적은 양이라면 OK.

• 게나 새우 등의 갑각류
비타민 B1 결핍 증상을 보일 위험이 있다. 오징어는 소화가 더뎌 소화불량에 걸릴 수도.

• 가열한 뼈 종류
새 뼈 등은 가열하면 딱딱해져서 날카롭게 깨지므로 식도나 소화관을 찌를 위험이 있다.

• 향신료
후추, 고추냉이, 고춧가루 등의 향신료는 위를 자극하여 설사를 일으킬 수 있다.

• 카페인을 함유한 것
커피나 차 등은 카페인 중독 증상을 일으켜, 질식의 위험이 있다.

• 감자 싹
솔라닌이라는 물질이 중독을 일으킬 수 있으므로 인간도 먹어서는 안 된다.

! 달걀

▶ 흰자는 익힌다

노른자는 날것으로 먹여도 괜찮지만, 흰자는 반드시 익히자. 아비딘이 비타민의 흡수를 방해하고, 설사를 유발할 수 있다. 조리법에 따라 소화시간이 다른데, 위에 부담없는 것은 반숙란이다.

! 유제품

▶ 갑상선 질환의 반려견에게는 NG

갑상선 질환이 있는 반려견에게는 간식이라도 삼가는 게 좋다. 코티지치즈(96쪽 참고)나 요구르트는 유당이 적으니 개에게도 좋다. 무지방이나 저지방 요구르트라도 반려견에게는 포도당이 많으므로 플레인 타입으로 선택하자.

! 등푸른생선

▶ 머리와 내장을 떼고 준다

DHA나 EPA가 풍부해서 성견에게는 주 1~2회는 먹여야 할 등푸른생선이지만, 중금속을 함유하고 있을 가능성이 높은 머리나 내장은 반드시 제거하자. 이것은 멸치도 마찬가지다. 은어 등의 민물고기는 내장을 포함해 머리부터 통째로 먹이는 편이 영양가가 높다.

! 콩류

▶ 장이 약한 반려견에게는 익혀서 준다

발효된 낫토나 된장은 괜찮지만, 두유·비지·두부 등 생콩으로 만든 제품은 드물긴 해도 간혹 장 점막에 부착하여 설사를 유발하기도 한다. 장이 약한 반려견에게는 반드시 익혀서 주는 것이 좋다.

- **토마토나 가지의 꼭지**

감자 싹과 마찬가지로, 가지과 식물의 꼭지에는 솔라닌이 다량 함유되어 있다.

- **알로에**

신장염을 일으킨다고 알려져 있으나 원인은 불명. 알로에가 들어간 요구르트 등에 주의하자.

- **초콜릿**

초콜릿이나 코코아 등 카카오를 함유한 것은 NG. 구토나 설사, 중독 증상을 일으킬 수 있다.

- **자일리톨**

체내에 흡수된 자일리톨로 인해 췌장에서 인슐린이 급격히 방출되어 저혈당 증상을 일으킨다.

- **포도, 건포도**

원인이 밝혀지지는 않았지만, 중독 증상이나 급성신부전을 일으킬 수 있다. 건자두도 ×.

- **알코올**

알코올이 들어간 음료에 함유된 에탄올이 원인으로, 중독 증상을 일으킨다.

반려견이 나에게 가르쳐준 것 1

반려견들에게 배운
〈일상의 끼니〉

제가 독립하여 반려견과 함께 살기 시작한 지도 25년이 되었습니다. 25년 전 처음 반려견을 입양할 당시, "반려견에게는 도그 푸드 외에는 주면 안 됩니다. 인간들의 먹거리 같은 건 당치도 않습니다!"라는 소리를 들었습니다. 못을 박듯 하신 말씀이라 융통성이 없는 나는 완고하리만큼 그 지시를 지키며, 수많은 드라이 푸드 중에서 열심히 고르곤 했습니다. 하지만 맨 처음의 반려견도, 그 다음의 반려견도 건강하게 장수하며 늙어가기는커녕 오히려 병과 필사적으로 싸워야만 하는 시기를 겪었습니다. 무엇 하나 어기지 않고 지시한 대로 충분히 따랐는데도 말입니다.

어느덧 개를 키우는 방법(이런 표현은 좋아하지 않지만)이 크게 변하여, 주변에 치과보다 동물병원이 더 많은 시대가 되었습니다. 동물병원을 전전하며, 좀처럼 맘에 드는 병원을 못 찾고 있을 때 친구가 아는 동물병원을 소개해주었습니다. 그곳에 입원했을 때 나온 식사가 생소고기를 잘게 갈아 올린 고구마였습니다. 병이 들어 입원했음에도 먹을 것을 향해 그렇게 달려드는 모습은 처음이었습니다. 깨달음의 순간이었지요. 대체 무엇을 위해 그렇게 열심히 드라이 푸드만을 고집했던 것일까요?

혈뇨가 나오면 "볶은 차를 먹이세요."라든가 빈혈을 일으키면 "생고기에 재첩육수를 주세요." 같은, 서양의학에 맞추어 누구라도 할 수 있는 아주 간단한 어드바이스가 고맙고 기뻐서, 무언가 질환을 일으킬 적마다 즐거웠던(?) 것 같은 기억이 있습니다. 그런 자그마한 플러스 α가 반려견들의 몸을 조금씩 변화시켰습니다.

살아 있는 식재료는 몸을 살리는구나, 우리들 인간과 마찬가지구나…. 반려견들이 몸으로 가르쳐준 것이었습니다. 이것이 제가 반려견들의 밥을 손수 만들기 시작한 계기입니다.

CHAPTER 2 목적별 건강 레시피

A
식이섬유로 확실하게 디톡스

EFFECT 1 면역력 UP에 도움이 되는 레시피

면역력이 높다는 건 '병이 쉽게 들지 않는다.'는 뜻입니다.
면역력이 떨어지면, 모든 병의 도화선이 되고 맙니다.
체온을 높이고, 수분 밸런스가 좋은 식생활로 면역세포를 활성화시킵시다!

C
방어의 EPA·DHA로 혈액순환 촉진

B
바다의 은혜로 미네랄 보급

D
신선한 세포 만들기로 면역력 UP

면역력 UP 포인트

갖가지 병으로부터 몸을 지켜주는 면역

면역력을 높이기 위해서는 먼저 체온을 높여야 한다. 면역세포의 주체가 되는 백혈구는 대부분 장내에 대기하고 있다가 적을 발견하면 집결하여 싸웁니다. 하지만 체온이 낮으면 혈관이 수축하여 순환이 나빠지고 백혈구의 집합이 늦어집니다. 몸 상태가 나빠지는 건 저체온부터 시작한다고까지 일컬어집니다. 체온을 유지하기 위해서는 장내 환경을 정돈하는 것이 중요합니다. 몸을 데워주는 식재료를 충분히 섭취하여 식이섬유로 장을 활성화시키고, 발효식품으로 장내 세포를 증식시켜줍시다.

◎섭취하면 좋은 식재료

비타민 B$_5$	β글루칸
《면역 기능의 정상화 서포트》	《D프랙션, 면역 강화》
간, 닭고기, 콩팥, 연어, 양송이, 낫토, 대구, 달걀, 브로콜리, 콜리플라워, 버섯류 전반, 모로헤이야, 우엉, 셀러리	잎새버섯, 새송이버섯, 송이버섯, 만가닥버섯, 보리, 오트밀, 다시마, 미역귀

A : 식이섬유로 확실하게 디톡스

양고기는 특히 따뜻하게 하는 효과가 높은 단백질이다. 갈분, 생강가루와 함께 몸속부터 따뜻하게 데워주므로 냉병 대책으로 좋다.

재료

- ★ 치킨스프 (혹은 물) … 250ml
- 양고기 … 100g
- 셀러리 … 20g (약 4cm)
- 피망 … 20g (약 1/2개)
- 당근 … 20g (약 2cm)
- 파슬리 … 조금
- 요구르트 … 1큰술
- 100% 갈분 … 8g
- 생강가루 … 귀이개 1술

만드는 법

1. 치킨스프가 담긴 냄비를 불에 올려놓고, 스프가 끓으면 양고기를 넣고 3분 정도 익힌다. 셀러리, 피망을 잘게 다져서 냄비에 넣고 2분 정도 더 끓인다.
2. 다 익으면 스프를 1/5 정도 냄비에 남기고 내용물은 그릇에 옮겨서 식힌다.
3. 스프가 남은 냄비를 다시 불 위에 올려놓고, 자작한 물에 녹인 100% 갈분을 넣고 이겨 그릇에 담아 식힌다.
4. 열이 다 식으면 당근을 갈아 넣는다. 파슬리는 손으로 찢어서 넣고, 요구르트와 생강가루를 더해서 손으로 섞어주면 완성.

B : 바다의 은혜로 미네랄 보급

등푸른생선과 해조류로 미네랄을 충분히 보급하고, 활성산소를 제거하여 상쾌하게 만드는, 여름철 면역력 UP 레시피.

재료

- ★ 다시마육수 (혹은 물) … 250ml
- 멸치 … 작은 것 2마리
- 단호박 … 40g (약 4cm 정방형)
- 당근 … 20g (약 2cm)
- 오크라 … 10g (1개)
- 만가닥버섯 … 15g (약 1/7팩)
- 톳 … 6g
- 된장 … 귀이개1술
- 생강가루 … 귀이개1술
- 파래김 … 한 꼬집
- 실다시마 … 한 꼬집

만드는 법

1. 대가리와 내장을 떼어낸 멸치와 톳을 함께 식칼로 다져서 완자를 만든다.
2. 냄비의 다시마육수가 끓으면, 멸치와 톳 완자를 넣어 거품을 걷어내면서 3분 정도 익힌다.
3. 단호박과 만가닥버섯은 잘게 다져서 2에 넣고 2분 정도 더 익힌다. 다 익으면 그릇에 옮겨 식힌다.
4. 열이 다 식으면 당근을 갈아 넣고, 잘게 다진 오크라와 된장, 생강가루, 파래김, 실다시마를 넣은 다음 손으로 섞어주면 완성.

βカロテン	식이섬유	몸을 따뜻하게	발효식품
《활성산소의 제거, 면역 증강》	《혈액 정화, 활성산소의 제거》	《면역력 UP》	《장의 건강 유지, 부교감신경을 우월하게》
청차조기, 파슬리, 바질, 단호박 당근, 파프리카 파우더, 브로콜리 모로헤이야, 파래김, 시금치, 미역, 미역귀	양송이, 파슬리 감자, 양배추, 고구마, 배추, 브로콜리, 표고버섯, 콜리플라워, 잎새버섯 양상추, 우엉, 청파파야, 톳, 한천, 오트밀, 율무가루	생강가루, 청차조기, 사과식초 100% 갈분	낫토, 된장, 사과식초, 술지게미 요구르트, 치즈, 발효채소, 발효버섯

C : 방어의 EPA·DHA로 혈액순환 촉진

잎새버섯·미역귀 등 β글루칸과 청차조기·브로콜리의 βカロテン은 면역세포에 직접적인 영향을 미치는 식재료!

재료

- ★ 재첩육수 (혹은 물) … 250ml
- 방어 … 100g
- 가지 … 30g (약 1/3개)
- 브로콜리 … 30g (약 2줄기)
- 토란 … 30g (약 1/2개)
- 청차조기 … 1장
- 발효채소 (P.62참고) … 1큰술
- 말린 잎새버섯 … 2~3개
- 미역귀 … 1작은술(수북이)
- 생강가루 … 귀이개1술

만드는 법

1. 토란은 전자레인지에 2분 가열한다(혹은 소금물에 데친다). 재첩육수가 든 냄비에 말린 잎새버섯을 넣고 불에 올린다.
2. 육수가 끓으면 작게 자른 방어와 토란을 넣고 2분 정도 더 익힌다.
3. 가지와 브로콜리를 잘게 다져 2에 넣은 다음 3분 정도 더 끓인다. 다 익으면 그릇에 옮겨 식힌다.
4. 열이 다 식으면 채 썬 청차조기, 발효채소, 생강가루, 미역귀를 넣고 손으로 섞어주면 완성.

D : 신선한 세포 만들기로 면역력 UP

면역 기능의 정상화를 서포트하는 비타민B5가 풍부한 간을 메인으로, 낫토와 참마의 끈적끈적함으로 장 점막을 보호.

재료

- ★ 치킨스프 (혹은 물) … 250ml
- 닭 간 & 염통 … 80g
- 참마 … 50g (2cm)
- 배추 … 30g (1/3장)
- 우엉 … 20g (약 5cm)
- 잎새버섯 … 20g (약 1/5팩)
- 나도팽나무버섯 … 15g (약 1/6봉지)
- 낫토 … 1큰술
- 사과식초 … 1 작은술
- 생강가루 … 귀이개1술

만드는 법

1. 우엉은 5분 정도 물에 담가두었다가 간다. 배추, 잎새버섯, 나도팽나무버섯은 잘게 다진다.
2. 냄비에 닭의 간과 염통을 넣고 볶다가 배추, 잎새버섯, 우엉을 넣어 계속 볶는다. 치킨스프를 넣고 4분 정도 끓인다.
3. 간이 다 익으면 그릇에 옮겨 식힌다.
4. 열이 다 식으면 참마를 갈아 넣고, 사과식초와 생강가루를 넣고 손으로 섞는다. 마지막으로 낫토를 올리면 완성.

EFFECT 2 **암 케어**에 도움이 되는 레시피

사람과 마찬가지로, 최근 암에 걸리는 반려견이 늘어나고 있습니다. 이에 대비하여 암을 활성화시키지 않는 몸 만들기를 목표삼아 간과 신장이 건강하게 활동하는 체내 환경을 만듭시다.

A 추운 시기의 암 예방

B 더운 시기의 암 예방

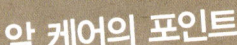

암 케어의 포인트

체내에 독소를 쌓아두지 않는다

암 예방을 위해 일단 명심할 일은, 암세포가 신이 나서 활동할 환경을 만들지 않는 것이다. 암이 좋아할 만한 활성산소나 당질을 배격하고, 간과 신장이 파워풀하게 기능함으로써 쉽게 암에 걸리지 않는 몸을 만들자. 만약 이미 암에 걸렸다면, 조용히 암과 공존하며 사는 것을 목표로 하자. 세포의 생성을 촉진시키는 엽산이나 암 예방 식재료인 디자이너 푸드, 항산화작용을 하는 비타민이 풍부한 식재료를 적극적으로 활용하자.

◎섭취하면 좋은 식재료

엽산 《세포의 생성》	디자이너 푸드 《암 예방 식재료》	구연산 《유산의 배설 촉진》	비타민B1 《유산의 배출》	비타민E 《혈행촉진, 항산화작용》	비타민C 《면역력UP》
간(소, 돼지, 닭), 멸치, 낫토 장어, 콩, 누에콩, 병아리콩 김, 미역, 숙주	생강, 마늘 배추, 당근, 콩 셀러리	단호박, 치즈, 레몬, 감자, 참마, 표고버섯, 콩가루 토마토, 키위, 오렌지, 파인애플, 그레이프프루트	간(소, 돼지, 닭), 연어, 방어, 전갱이 돼지고기, 대구, 장어, 완두콩, 브로콜리, 잎새버섯 양상추, 우엉, 파파야, 톳, 한천, 오트밀, 율무가루	연어, 은어, 아귀 간, 파슬리, 바질, 식물기름, 단호박 달걀노른자, 장어, 완 두순, 브로콜리, 콩 토마토, 모로헤이야, 시금치	파슬리, 순무 당근, 양배추, 감자, 무, 소송채, 고구마, 브로콜리, 피망, 오크라 양상추, 토마토, 셀러리, 여주

A : 추운 계절의 암 예방

연어×양배추의 비타민E×디자이너 푸드로 몸의 산화를 방지하고 혈액순환을 촉진한다. 재첩육수로 간도 서포트!

재료

- ★ 재첩육수 (혹은 물)…250ml
- 연어…80g
- 두부…1/6모
- 양배추…30g (약 1장)
- 콜리플라워…30g (약 1송이)
- 파프리카…30g (약 1/5개)
- 발효버섯 (P.62참고)…1큰술
- 시나몬…1 1/2작은술
- 사과식초…1작은술
- 보리새우…조금
- 파래김…조금

만드는 법

1. 냄비에 든 재첩육수가 끓으면 연어를 넣은 후 거품을 걷어내면서 3분 정도 익힌다.
2. 양배추, 콜리플라워, 파프리카는 전부 잘게 다져서 두부, 발효버섯과 함께 냄비에 넣어 익힌다. 5분 정도 끓으면 그릇에 옮겨서 식힌다.
3. 열이 다 식으면 시나몬, 사과식초, 보리새우, 파래김을 넣고 손으로 섞어주면 완성.

B : 더운 계절의 암 예방

돼지고기×모로헤이야의 비타민B1 콤비로 여름 더위로 인한 피로를 제거하고, 여름 채소로 비타민C를 보충하여 면역력 UP.

재료

- ★ 치킨스프 (혹은 물)…250ml
- 돼지 뒷다리살…40g   ● 돼지 간…30g
- 여주…30g (약 1/8개)
- 모로헤이야…20g (약 1/5봉지)
- 가지…20g (약 1/4개)
- 브로콜리…15g (약 1줄기)
- 청차조기…1장   ● 파슬리…조금
- 발효채소 (P.62참고)…1큰술
- 한천…약 6cm   ● 방울토마토…1알
- 말린 잎새버섯…2~3개
- 생강가루…귀이개 1술

만드는 법

1. 냄비의 치킨스프가 끓으면 돼지 뒷다리살과 돼지 간을 넣고, 거품을 걷어내면서 5분간 익힌다. 한천은 물에 담가둔다.
2. 모로헤이야는 소금에 데치고 식칼로 두드려놓는다. 여주, 가지, 브로콜리, 방울토마토는 잘게 다진다.
3. 여주, 가지, 브로콜리, 방울토마토와 말린 잎새버섯을 **1**의 냄비에 넣고 5분 정도 익힌다. 한천은 물기를 빼고 찢어 넣어서 불에 녹인다. 녹으면 그릇에 옮겨서 익힌다.
4. 열이 다 식으면 **2**의 모로헤이야, 채 썬 청차조기, 파슬리, 발효채소, 생강가루를 넣고 손으로 섞어주면 완성.

EFFECT 3 위장 케어에 도움이 되는 레시피

위장 장애의 원인은 환절기, 과식, 스트레스 등 종류도 다양합니다. 평소에 식이섬유나 발효식품을 자주 섭취토록 하여 장내 환경을 정돈해줍시다. 설사나 구토를 하는 경우에는 탈수가 오지 않도록 주의하고, 수분을 충분히 공급하는 게 먼저입니다.

A 끈적끈적한 식재료로 점막 보호

지방이 적은 돼지고기 안심과 비타민C로 감염 예방, 마와 파래김으로 점막 보호, 그리고 퀴노아와 요구르트로 장내 환경을 정돈하자. 위장이 약한 반려견에게는 매일 사과식초를 꾸준히 먹이도록 하자.

재료

- ★ 다시마육수 (혹은 물)…250ml
- 돼지고기 안심…80g
- 마…50g (약 2cm)
- 빨강 파프리카…30g (약 1/5개)
- 당근…20g (약 2cm)
- 꼬투리강낭콩…15g (약 2개)
- 우엉…12g (약 4cm)
- 말린 잎새버섯… (약 2~3개)
- 요구르트…1큰술
- 퀴노아…1큰술
- 사과식초…1작은술
- 생강가루…귀이개 1술
- 파래김…한 꼬집

만드는 법

1. 우엉은 5분 정도 물에 담갔다가 잘게 다진다. 돼지고기 안심은 한 입 크기로 자른다. 빨강 파프리카, 꼬투리강낭콩은 잘게 다진다. 퀴노아는 내열용기에 물 50cc와 함께 넣고 전자레인지에 5~6분 가열한 다음 그대로 15분 정도 놓아둔다.
2. 냄비에 돼지고기 안심, 우엉, 빨강 파프리카를 넣고 볶은 다음 다시마육수를 넣고 거품을 걷어내면서 5분 정도 끓인다. 1의 꼬투리강낭콩과 말린 잎새버섯을 넣고 3분 정도 더 끓인 다음 그릇에 옮겨서 식힌다.
3. 열이 다 식으면 마와 당근을 갈아서 넣고, 요구르트와 1의 퀴노아 1큰술, 사과식초, 생강가루, 파래김을 넣어서 손으로 섞어주면 완성.

B 장운동을 활성화시켜 변비 케어

연어의 비타민E로 혈액순환을 좋게 하여 장의 움직임을 활성화하고, 감자와 브로콜리의 식이섬유는 장운동을 활발하게 만들어준다. 한천은 천천히 수분을 흡수하기 때문에 건조한 장에 물기를 머금게 한다.

재료

- ★ 다시마육수 (혹은 물)…250ml
- 연어…85g (1토막)
- 감자…70g (약 1/2개)
- 배추…50g (약 1/2장)
- 브로콜리…20g (약 2줄기)
- 당근…20g (약 2cm)
- 방울토마토…15g (약 1개)
- 한천…약 6cm
- 레몬즙…1작은술
- 된장…귀이개 1술
- 생강가루…귀이개 1술
- 파래김…귀이개 1술

만드는 법

1. 배추와 감자는 잘게 다져 냄비에 연어와 함께 넣고 볶다가 다시마육수를 넣고 5분 정도 끓인다. 한천은 물에 담가둔다.
2. 어느 정도 익으면 잘게 다진 브로콜리와 방울토마토를 넣고 거품을 걷어내면서 5분 정도 더 끓인다.
3. 한천의 물기를 빼고 찢어서 냄비에 넣고 3분 정도 더 끓인 다음 그릇에 옮겨 식힌다.
4. 열이 다 식으면 당근을 갈아 넣고, 레몬즙, 된장, 생강가루, 파래김을 넣어서 손으로 섞어주면 완성.

위장 트러블이여, 안녕~!

위장 케어의 포인트

점막 보호와 탈수 증상에 주의!

위장 장애의 원인은 여러 가지인데, 건강한 설사는 몸이 독소를 내보내려고 하는 자연스러운 반응이기 때문에 설사를 멈추게 하는 것만이 해결책이 아닌 경우도 있다. 탈수 증상이 오지 않도록 주의하면서 때로는 전부 쏟아내게 하는 케어도 필요하다. 설사가 계속될 경우에는 식재료를 페이스트(paste) 상태로 만들어 흡수를 돕는다. 또한 점막변을 볼 때에는 대장을 따뜻하게 해주는 것이 중요하고, 혈변을 볼 때에는 대장을 차갑게 해줄 필요가 있다. 단, 설사가 심하거나 축 늘어져 기운이 없을 때는 반드시 동물병원에 가자.

◎섭취하면 좋은 식재료

식이섬유
《장운동을 활발하게, 염증 억제》

양송이, 파슬리
감자, 양배추, 고구마, 배추, 브로콜리, 콜리플라워, 표고버섯, 잎새버섯
양상추, 셀러리, 우엉, 파파야, 톳, 한천, 오트밀, 율무가루

C
장을 데우는 점막변 설사 대책

대장에 염증이 있을 때는 순무나 양송이, 청차조기 등 몸을 데우는 식재료를 중심으로. 순무 잎은 비타민이 풍부하므로 소금물에 살짝 데쳐 함께 주자.

재료
- ★ 다시마육수 (혹은 물)…250ml
- 꽁치…1마리
- 순무 (잎 포함)…70g (약 1줄기)
- 단호박…40g (약 4cm 정방형)
- 연근…30g (약 1.5cm)
- 당근…20g (약 2cm)
- 청차조기…1장
- 양송이…10g (1개)
- 낫토…1작은술
- 사과식초…1작은술
- 생강가루…귀이개 1술
- 가츠오부시…한 꼬집

만드는 법

1. 꽁치는 뼈와 살을 발라둔다. 냄비의 다시마육수가 끓으면 꽁치의 뼈를 넣고, 거품을 걷어내면서 3분 정도 끓인다.

2. 꽁치 살, 순무, 단호박, 연근, 양송이는 잘게 다져서 냄비에 넣고 5분 정도 익힌다. 순무 잎은 소금물에 데쳐서 잘게 다져 넣고 한소끔 끓인다.

3. 꽁치의 뼈를 꺼내고 남은 내용물을 그릇에 옮겨서 식힌다.

4. 열이 다 식으면 당근을 갈아 넣고, 채 썬 청차조기, 사과식초, 생강가루, 가츠오부시를 넣어 손으로 섞어준다. 마지막에 낫토를 올리면 완성.

발효식품 《선옥균의 증식》	비타민C 《면역력 UP》	무틴 《점막 보호 & 수복, 보습력 UP》	글루타민 《소화관 점막세포를 서포트》
낫토, 된장, 사과식초, 술지게미 요구르트, 치즈, 발효채소, 발효버섯	파슬리, 순무 당근, 양배추, 무, 소송채, 브로콜리, 피망, 콜리플라워, 새싹, 오크라, 감자, 고구마, 파프리카 양상추, 토마토, 셀러리, 여주	낫토 참마, 오크라, 토란, 연근 모로헤이야	닭 가슴살, 연어, 정어리, 고등어, 마른멸치, 치어 돼지고기 살코기, 치즈, 대구, 가리비, 달걀, 가츠오부시, 콩

재료

- ★ 재첩육수 (혹은 물)…250ml
- 말고기 (냉동)…80g
- 사과…50g (약 1/8개)
- 오이…40g (약 1/2개)
- 무…30g (약 1cm)
- 소송채…30g (약 1줄기)
- 양상추…20g (약 1장)
- 오크라…1개
- 100% 갈분…1큰술
- 사과식초…1작은술
- 레몬즙…1작은술

만드는 법

1. 냄비의 재첩육수가 끓으면, 무와 사과를 갈아 넣고 3분 정도 끓인다.
2. 소송채와 오크라는 소금물에 데치고, 양상추와 함께 잘게 다져서 1의 냄비에 넣는다. 오이도 갈아서 넣고 한소끔 끓인다.
3. 국물을 조금 남기고 2를 언 말고기에 부어서 해동시키면서 식힌다.
4. 국물을 남긴 냄비를 불에 올리고, 자작한 물에 푼 100% 갈분을 넣어 이긴 다음 3에 붓는다.
5. 열이 다 식으면 사과식초, 레몬즙을 넣고 손으로 섞어주면 완성.

D
장을 식히는 혈변 설사 대책

소장에 염증이 있는 경우에는 몸을 식히는 식재료를 중심으로.
단백질 중에도 유일하게 몸을 차게 하는 고기인 말고기가 좋다.
소화흡수를 향상시키기 위해서는 날것으로 먹이길 권장한다.

EFFECT 4 피부 케어에 도움이 되는 레시피

피부 트러블의 원인은 여러 가지지만, 일단은 혈액순환이 원활해지도록 합니다. 혈액순환이 잘 되지 않으면 배출 기능이 저하되고 결과적으로 피부에 어떤 식으로든 증상이 나타납니다. 또한 간에서 해독이 이루어지면 피부에서 독소가 나오는 것도 줄일 수 있습니다.

A 타우린 듬뿍 & 발효버섯으로 디톡스

재첩육수×참치로 타우린을 늘려 해독 기능 UP. 단호박과 시금치의 글루타티온으로 피부의 염증을 억제시키자. 낫토에는 피부의 건강을 지켜주는 비오틴도 풍부하다.

재료

- ★ 재첩육수 (혹은 물) … 250ml
- 참치 … 80g
- 단호박 … 30g (약 3cm 정방형)
- 당근 … 20g (약 2cm)
- 시금치 … 15g (약 1/2포기)
- 청차조기 … 1장
- 발효버섯 (P.62 참조) … 1큰술
- 오트밀 … 1큰술
- 낫토 … 1작은술
- 마른멸치 … 조금

만드는 법

1. 단호박은 작게 자르고, 시금치는 소금물에 데쳐서 잘게 다진다. 오트밀은 자작할 정도의 따뜻한 물에 불려서 전자레인지에 2분 가열한다.
2. 냄비의 재첩육수가 끓으면 1의 단호박과 마른멸치를 넣고 3분 정도 더 끓인다. 단호박이 어느 정도 익으면 참치, 발효버섯, 1의 시금치를 넣고 한소끔 끓인 다음 그릇에 옮겨서 식힌다.
3. 열이 다 식으면 당근을 갈아 넣고, 잘게 썬 청차조기, 오트밀, 마른멸치를 넣고 섞는다. 마지막에 낫토를 올리면 완성.

◎ 섭취하면 좋은 식재료

비오틴 《피부세포의 활성화, 노폐물의 배출》	타우린 《해독 기능 UP》	글루타티온 《세포와 피부의 산화를 완화, 간 기능 UP》	아연 《세포 재생》	β글루칸 《면역력 UP》
간(소, 돼지) 돼지고기, 달걀, 표고버섯, 말린 잎새버섯, 참깨, 콩가루, 콩 파래김	전갱이, 참치, 정어리, 방어, 고등어, 도미 과메기, 대구, 가리비, 굴 바지락, 재첩	단호박, 간(소, 돼지, 닭) 돼지고기, 대구, 굴, 브로콜리, 아스파라거스, 감자 시금치, 아보카도, 방울토마토	소고기, 간(소, 돼지), 정어리, 연어, 고등어, 마른멸치, 단호박, 돼지고기, 굴 잉어, 치즈, 참깨, 잎새버섯, 콩, 파프리카 가루 파래김, 말고기	잎새버섯, 송이버섯, 새송이버섯 만가닥버섯, 보리, 오트밀, 다시마

비오틴 듬뿍, 장내 케어

돼지고기×잎새버섯×콩가루로 비오틴을 강화하고, 피부세포의 활성화와 노폐물 배출을 서포트 한다. 숯지게 미는 몸을 따뜻하게 하여 혈액순환을 촉진하는 데다 알레르기 물질의 힘을 약하게 만든다고 알려져 있다.

재료

- ★ 재첩육수 (혹은 물)…250ml
- 돼지 뒷다리살…90g
- 브로콜리…20g (약 1줄기)
- 방울토마토…30g (약 2개)
- 당근…20g (약 2cm)
- 아스파라거스…15g (가는 것 2개)
- 발효채소 (P.62 참조)…1큰술
- 말린 잎새버섯…3~4개
- 콩가루…1작은술
- 100% 갈분…1큰술
- 참깨…1/2작은술
- 술지게미…한 꼬집

만드는 법

1. 냄비에 재첩육수와 말린 잎새버섯을 넣고 끓인다. 국물이 끓으면 돼지고기 뒷다리살을 넣고, 거품을 걷어내면서 3분 정도 익힌다.
2. 브로콜리, 방울토마토, 아스파라거스를 잘게 다져서 **1**의 냄비에 넣고 5분 정도 더 끓인다. 국물을 1/5 정도 냄비에 남기고 내용물을 그릇에 옮겨서 식힌다.
3. 국물을 남긴 냄비를 불에 올려놓고, 자작한 물에 푼 100% 갈분을 넣고 이겨서 **2**의 그릇에 담는다.
4. 열이 다 식으면 당근을 갈아 넣고, 발효채소, 콩가루, 참깨, 술지게미를 넣어 손으로 섞어주면 완성.

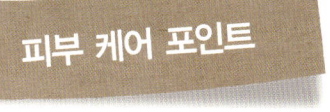 

먹거리 케어와 함께 운동 케어를!

피부질환의 케어는 먹거리 케어와 함께 적당한 운동으로 혈액순환을 좋게 하고, 면역세포를 건강하게 만드는 것이 중요하다. 면역세포가 건강해지면, 간이 독소를 확실히 배출함과 동시에 혈액순환이 좋아짐으로써 노폐물을 거두어들여 피부 트러블을 막을 수 있다.

A
저지방 생선으로
담백하게

B
재첩육수와 식이섬유로
간 기능 강화

EFFECT 5 간 케어에 도움이 되는 레시피

간은 독소나 유해물질을 해독해주는 해독 장치일 뿐만 아니라,
영양소의 대사와 비타민의 저장 등 다양한 역할을 하는 장기이기도 합니다.
비타민류를 충분히 섭취하고, 가끔 간을 쉬게 하는 방법도 효과적인 케어입니다.

C 충분한 비타민으로
간 기능 강화

D 간은
돼지 간으로 케어

Chapter 2 건강 레시피 | 간 케어

간 케어의 포인트

해독과 간 기능의 강화, 재생을 촉진

간수치가 높아지는 원인은 여러 가지지만, 약이나 먹거리, 환경 등에 의한 스트레스로 간이 데미지를 입은 케이스가 많다. 이런 경우에는 데미지 경감을 위한 해독과 항염증작용에 의한 간 기능 강화, 그리고 간 기능의 재생이 필요해진다. 또한 간은 영양이 들어가면 그만큼 쉬지 못하기 때문에, 과식은 간의 피로도와 직결된다. 간이 쉴 수 있도록 식사나 간식을 너무 많이 주지 않게 주의하자.

◎섭취하면 좋은 식재료

글루코시놀레이트 《간의 해독 기능을 강화》	비타민 B12 《적혈구 생산》
순무 양배추, 케일, 브로콜리, 콜리플라워, 무, 청경채, 배추, 소송채 물냉이, 래디시, 경수채	연어, 정어리, 간(소, 돼지, 닭), 은어, 고등어, 가다랑어, 가츠오부시 굴, 대구 재첩, 김, 바지락, 말고기

A : 저지방 생선으로 담백하게

간의 부담을 줄이기 위해서는 지방 섭취를 줄이는 것도 효과적이다. 지방이 적은 대구는 비타민B1도 풍부하고 당질 대사를 돕는다. 또한 디톡스 효과가 높은 쑥갓으로 간을 커버해준다.

재료
- ★ 다시마육수 (혹은 물)⋯250ml
- 대구⋯80g (약 1토막)
- 무⋯80g (약 3cm)
- 연근⋯60g (약 3cm)
- 당근⋯20g (약 2cm)
- 쑥갓⋯20g (약 3줄기)
- 참깨⋯한 꼬집
- 율무가루⋯1작은술
- 파래김⋯한 꼬집

만드는 법
1. 쑥갓은 소금물에 데쳐서 다진다.
2. 냄비의 다시마육수가 끓으면 대구를 넣고 거품을 걷어내면서 3분 정도 끓인다. 여기에 연근과 무를 갈아서 넣고, 율무가루도 넣은 다음 4분 정도 더 익힌다.
3. 마지막에 쑥갓을 넣고 그릇에 옮겨 식힌다.
4. 열이 다 식으면 당근을 갈아 넣고, 참깨와 파래김을 넣고 손으로 섞어주면 완성.

B : 재첩육수와 식이섬유로 간 기능 강화

재첩육수는 간 기능 개선에 좋은 대표적인 식재료. 거기에 단백질 합성을 촉진하는 가다랑어와, 해독 기능을 향상시키는 순무로 간을 서포트. 채소의 식이섬유로 노폐물을 배출하자.

재료
- ★ 재첩육수 (혹은 물)⋯250ml
- 가다랑어⋯90g
- 순무 (잎 포함)⋯60g (약 1/2개)
- 고구마⋯50g (약 1/5개)
- 순무 잎⋯20g (약 1개분)
- 셀러리⋯20g (약 1/5개)
- 만가닥버섯⋯30g (약 1/4팩)
- 마른멸치⋯한 꼬집
- 100% 갈분⋯1큰술

만드는 법
1. 고구마, 순무, 셀러리, 만가닥버섯은 잘게 다진다. 순무 잎은 소금물에 데친 후 다진다.
2. 냄비의 재첩육수가 끓으면 가다랑어를 넣고 거품을 걷어내면서 3분 정도 끓인 다음, 가다랑어를 먼저 그릇에 꺼내둔다.
3. **2**의 냄비에 고구마, 순무, 셀러리, 만가닥버섯과 마른멸치를 넣고 5분 정도 끓인다. 국물을 조금 남기고 그릇에 옮겨서 식힌다.
4. 남은 국물이 담긴 냄비를 불에 올리고, 자작한 물에 푼 100% 갈분을 넣어 이긴 후 **3**의 용기에 붓는다. 열이 다 식으면 손으로 섞어서 완성.

비타민 C 《해독 기능 UP》	비타민 B1 《당질의 대사촉진》	비타민 B2 《지방의 대사촉진》	타우린 《간 기능 강화》
파슬리, 순무 당근, 무, 콜리플라워, 양배추, 소송채, 피망, 새싹, 감자, 고구마, 파프리카, 오크라 양상추, 토마토, 셀러리, 여주	간(소, 돼지, 닭) 돼지고기, 대구, 장어, 잎새버섯 좁쌀, 오트밀, 모로헤이야	간(소, 돼지, 닭), 돼지 염통, 낫토 치즈, 우유, 달걀, 잎새버섯, 표고버섯, 대구, 비지 김, 미역, 톳	전갱이, 방어, 정어리, 고등어, 참치, 도미, 마른멸치 꽁치, 대구, 가리비, 굴 바지락, 재첩

C : 알짜배기 비타민으로 간 기능 강화

듬뿍담뿍 평성 채소의 비타민C로 해독력을 강화시키자. 오트밀의 비타민B1은 대사를 촉진시키는 데 도움이 된다. 달걀에는 강력한 항산화작용이 있어서 간의 산화를 방지해준다.

재료

- ★ 치킨스프 (혹은 물) … 250ml
- 닭고기 안심 … 2개
- 달걀노른자 … 1개
- 콜리플라워 … 40g (약 3줄기)
- 사과 … 40g (약 1/8개)
- 당근 … 20g (약 2cm)
- 파프리카 … 30g (약 1/6개)
- 꼬투리강낭콩 … 15g (약 2개)
- 브로콜리 새싹 … 조금
- 오트밀 … 1큰술
- 생강가루 … 귀이개 1술

만드는 법

1. 파프리카, 콜리플라워, 꼬투리강낭콩을 잘게 다진다. 오트밀은 따뜻한 물을 자작하게 부어서 불려둔다.
2. 냄비의 치킨스프가 끓으면, 닭고기 안심과 **1**의 파프리카, 콜리플라워, 꼬투리강낭콩을 넣고, 사과를 갈아 넣은 다음 거품을 걷어내면서 5분 정도 끓인다.
3. 그릇에 옮기고 닭고기 안심을 손으로 찢으면서 식힌다.
4. 불린 오트밀을 전자레인지에 2분 가열한 다음 **3**의 그릇에 넣는다.
5. 열이 다 식으면 생강가루, 새싹 브로콜리, 달걀노른자를 넣고 손으로 섞어주면 완성.

D : 간은 돼지 간으로 케어

중국의학에서는 '동물동치'라 하여, 상태가 나쁜 장기는 같은 장기를 먹어 고친다는 말이 있다. 간이 나쁠 때는 간과 울금의 콤비로 서포트하자.

재료

- ★ 재첩육수 (혹은 물) … 250ml
- 돼지 간 … 75g
- 단호박 … 50g (약 4cm 깍둑썰기)
- 물냉이 … 10g (2~3줄기)
- 브로콜리 … 20g (약 1줄기)
- 방울토마토 … 30g (약 2개)
- 양송이 … 1개
- 울금 … 1/3작은술
- 된장 … 귀이개 1술

만드는 법

1. 돼지 간은 적당한 크기로 자른다. 단호박, 물냉이, 브로콜리, 방울토마토, 양송이는 잘게 다진다.
2. 냄비를 달구고 돼지 간과 **1**의 단호박, 양송이, 울금을 볶은 다음, 재첩육수와 브로콜리를 더해서 거품을 걷어내면서 8분 정도 끓인다. **1**의 방울토마토를 넣고 1분 정도 더 끓인다.
3. 그릇에 옮겨 식힌다. 열이 다 식으면, 된장과 **1**의 물냉이를 넣고 손으로 섞어주면 완성.

EFFECT 6 관절 케어에 도움이 되는 레시피

관절을 서포트할 때 가장 중요한 것은,
양질의 단백질을 섭취하는 일입니다.
통증이나 염증이 있는 경우는 비타민C를 충분히
섭취하여, 항산화작용을 향상시켜줍시다.

A 온성 식재료로 확실하게
데우고, 근력 UP

B 끈적임을 왕창!
칼슘 보급으로 관절 서포트

관절 케어의 포인트

양질의 단백질로 관절을 케어

관절이 약해지면 운동을 할 수 없게 되고, 혈액순환이 나빠져 갖은 종류의 병을 일으키기 쉽다. 관절의 상태가 신경 쓰일 때에는 근력을 향상시켜주는 양질의 단백질을 메인으로 뼈를 만드는 칼슘, 연골의 재생을 촉진하는 콘드로이틴(연골소), 관절연골을 서포트 해주는 글루코민산의 세 가지를 세트로 섭취하자. 이외에도 콜라겐의 합성을 위한 비타민C, 관절염의 완화에 도움이 되는 오메가3지방산도 효과적인 영양성분이다.

◎섭취하면 좋은 식재료

칼슘 《뼈를 만든다》	콘드로이틴 《연골의 재생》	글루코사민 《관절연골의 서포트》	비타민 C 《콜라겐 합성, 항산화작용》	오메가3지방산 《관절통의 완화》
보리새우, 정어리, 전갱이 케일, 날치 톳, 미역, 다시마, 미역귀	낫토 상어지느러미, 장어, 미꾸라지, 광어, 해삼, 닭 껍질, 참마, 토란, 오크라, 나도팽나무버섯	보리새우, 낫토 장어, 굴, 참마, 오크라, 잎새버섯, 표고버섯, 느타리버섯, 팽이버섯 만가닥버섯, 미역귀	파슬리, 순무 당근, 무, 브로콜리, 콜리플라워, 양배추, 소송채, 피망, 새싹, 고구마, 파프리카, 오크라, 양상추, 토마토, 셀러리, 여주	연어, 방어, 고등어, 정어리, 꽁치, 참치, 들기름, 차조기유, 아마인유, 대마유 장어

A : 온성 식재료로 확실하게 데우고, 근력 UP

닭 날개와 연골에 풍부한 콘드로이틴과 콜라겐으로 관절을 서포트. 몸을 데워주는 식재료를 중심으로 혈액순환을 촉진한다. 염증이 심한 아이의 경우에는 재료를 냉한성 채소로 바꿔주자.

재료
- ★ 물 … 250ml
- 닭 날개 … 140g (약 2개)
- 닭 연골 … 30g (약 4개)
- 무 … 60g (약 2cm)
- 단호박 … 45g (약 4cm 정방형)
- 파프리카 … 40g (약 1/6개)
- 케일 … 15g (약 1장)
- 양송이 … 1개
- 생강가루 … 귀이개 1술
- 코티지치즈 (P.96 참조) … 15g

만드는 법
1. 무, 단호박, 파프리카, 양송이는 잘게 다진다. 케일은 소금물에 데친 다음 다진다.
2. 냄비에 물과 닭 날개, 닭 연골을 넣고 거품을 걷어내며 10분 정도 끓인다. **1**의 무, 단호박, 파프리카, 양송이를 넣고 5분 정도 더 끓인다.
3. 그릇에 옮기고 **1**의 케일을 넣고 식힌다.
4. 열이 다 식으면 생강가루, 코티지치즈를 넣고 손으로 섞어주면 완성.

B : 끈적임을 왕창! 칼슘 보급으로 관절 서포트

정어리의 뼈와 치어, 미역귀와 낫토로 뼈의 형성을 강화하는 칼슘이 가득! 비타민C는 뼈를 강화시켜주기도 하므로 관절 서포트에는 꼭 섭취해야 할 영양소이다.

재료
- ★ 재첩육수 (혹은 물) … 250ml
- 정어리 … 1마리
- 소송채 … 40g (약 2줄기)
- 브로콜리 … 20g (약 1줄기)
- 나도팽나무버섯 … 25g
- 미역귀 … 15g
- 낫토 … 1작은술
- 치어 … 5g
- 파래김 … 한 꼬집
- 생강가루 … 귀이개 1술
- 가츠오부시 … 한 꼬집

만드는 법
1. 정어리는 뼈와 살을 바른다. 브로콜리와 나도팽나무버섯은 잘게 다진다. 소송채는 소금물에 데친 후 잘게 다진다.
2. 냄비의 재첩육수가 끓으면 정어리의 뼈를 넣고 5분간 끓인 다음 꺼낸다.
3. **2**의 냄비에 **1**의 정어리 살과 브로콜리, 나도팽나무버섯을 넣고 끓인다. 다 익으면 그릇에 넣어 식힌다.
4. 열이 다 식으면 파래김, 생강가루, 미역귀, 치어, 가츠오부시, **1**의 소송채를 넣고 섞어준다. 마지막에 낫토를 올리면 완성.

EFFECT 7 신장 케어에 도움이 되는 레시피

신장은 독소와 불필요한 노폐물을 처리해주는 장기입니다.
운동과 더불어 몸을 데워주는 식재료를 섭취하여 대사를 향상시키고,
이뇨작용이 높은 식재료를 섭취하여 배뇨 기능을 서포트 합시다!

※여기에 소개하고 있는 것은 병이 나기 전의 케어 레시피입니다. 신부전 등 신장질환이 있는 경우의 레시피가 아니므로 주의 바랍니다.

A 사슴고기와 채소로 항산화작용 UP

저지방, 저칼로리이지만 고단백질인 사슴고기는 단백질 섭취에 제한 받는 아이에게 추천한다. 양을 줄여도 단백질을 어느 정도는 섭취할 수 있으므로 신장성 빈혈 방지에도 효과적이다. 또한 신장을 위한 직접적인 케어도 좋지만, 면역력이 떨어지지 않게 유지하는 것도 중요하다. 녹황색채소로 비타민C를 보급하여 면역 유지에 힘쓰자!

재료

- ★ 재첩육수 (혹은 물)…250ml
- 사슴고기 (냉동) … 60g
- 양배추…30g (약 1장)
- 방울토마토…30g (양 2개)
- 브로콜리…30g (양 2줄기)
- 오크라…10g (약 1개)
- 말린 잎새버섯…2~3개
- 보리새우…조금
- 팥가루…1작은술
- 봉 한천…약 6cm
- 사과식초…1작은술

만드는 법

1. 봉 한천은 물에 불려둔다. 양배추, 방울토마토, 브로콜리는 잘게 다진다. 오크라는 소금물에 살짝 데쳐 다진다.
2. 냄비의 재첩육수가 끓으면 말린 잎새버섯, 1의 양배추, 브로콜리, 방울토마토와 팥가루를 넣고 3분 정도 더 끓인다. 불려놓은 봉 한천을 찢어 넣은 후 끓여서 녹인다.
3. 냉동 사슴고기를 그릇에 담고 2를 부어서 해동하면서 식힌다. 열이 다 식으면 1의 다진 오크라, 보리새우, 사과식초를 넣고 손으로 섞어주면 완성.

신장육으로 세포 재생을 돕는다

신장이 나쁠 때에는 신장육을 먹이자. 신장육은 이뇨를 촉진해주므로 독소를 배출하여 효과를 극대화한다. 또한 동아는 이뇨가 특기인 채소의 대표주자. 팥가루 또한 뿌려주기만 해도 신장을 서포트 하는 아이템이 된다. 단, 내장을 먹이는 것은 주 1회 정도로 제한하자.

재료

- ★ 다시마육수 (혹은 물) …250ml
- 돼지 신장육 (콩팥) …70g
- 동아 …70g (약 1/50개)
- 마 …50g (약 2cm)
- 피망 …20g (약 1/2개)
- 당근 …20g (약 2cm)
- 발효버섯 (P.62 참조) …1큰술
- 큰실말 …1큰술
- 팥가루 …1작은술
- 파래김 …한 꼬집
- 생강가루 … 귀이개 1술

만드는 법

1. 동아와 피망을 잘게 다진다.
2. 냄비의 다시마육수가 끓으면 돼지 콩팥을 넣고 익힌다. 1의 동아, 피망과 발효버섯을 넣은 다음 8분 정도 더 끓인다.
3. 그릇에 담고, 그 위에 마를 갈아 넣고 식힌다.
4. 열이 다 식으면 당근을 갈아 넣고 큰실말, 팥가루, 파래김, 생강가루를 넣고 손으로 섞어주면 완성.

신장 케어의 포인트

노폐물을 확실히 배출시킨다

동양의학에서 신장은 '건강의 은행'이라고 불릴 정도로 수명과 직결되어 있다고 본다. 신장은 혈액을 여과하여 노폐물과 여분의 수분을 배출하기도 하고, 체내의 수분대사를 조절하기도 하며, 혈액을 만들라는 명령을 내리기도 하는 등 많은 일을 한다. 신장이 제 역할을 못하면 수분 밸런스가 무너지고 결석의 원인이 되기도 한다. 이를 방지하기 위해서는 채소와 수분을 충분히 섭취하여 필요한 수분을 흡수하고, 불필요한 독소 등을 배출시키는 일이 중요하다.

◎섭취하면 좋은 식재료

EPA·DHA《면역력 UP, 염증 억제》	비타민 B군《신장 서포트》
전갱이, 연어, 방어, 정어리, 고등어, 참치, 갈치, 마른멸치 대구, 가다랑어, 꽁치	간, 연어, 말린 잎새버섯, 양송이, 낫토 돼지고기, 팥, 콩, 참깨, 말린 표고버섯, 달걀 파래김, 오트밀, 톳

C 스트루바이트(struvite) 결석 케어

결석 원인의 대부분은 요로의 염증에서 시작한다고 한다. 먼저 감염 예방이 필수인데, 혹시 모르니 스트루바이트 결석의 경우에는 칼륨과 인을 의식적으로 줄이자. 닭고기는 인이 적은 가슴살을 갈아서 먹이자.

재료
- ★ 치킨스프 (혹은 물) …250ml
- 닭 가슴살 다짐육…80g
- 양상추 … 60~90g (약 2~3장)
- 무…60g (약 2.5cm)
- 숙주…20g (약 20개)
- 아스파라거스…12g (약 2개)
- 방울토마토…30g (약 2개)
- 오트밀…1큰술
- 사과식초…1작은술

만드는 법

1. 오트밀은 따뜻한 물을 자작하게 부어서 불린다. 양상추, 숙주, 아스파라거스, 방울토마토는 잘게 다진다.
2. 냄비의 치킨스프가 끓으면 닭 가슴살 다짐육을 손으로 둥글게 빚으면서 넣어 익힌다. 무를 갈아 넣고 거품을 걷어내면서 5분 정도 끓인다.
3. 냄비에 **1**의 양상추, 숙주, 아스파라거스, 방울토마토를 넣고 한소끔 끓인 다음 그릇에 옮겨서 식힌다.
4. 불린 오트밀을 전자레인지에 2분 가열하여 사과식초와 함께 **3**에 부어준다. 열이 다 식으면 손으로 섞어서 완성.

비타민 C	칼륨	비타민 A·β카로틴
《면역력 UP》	《이뇨 촉진》	《점막강화, 항산화작용》
파슬리, 순무 당근, 무, 브로콜리, 콜리플라워, 양배추, 소송채, 피망, 새싹, 감자, 고구마, 파프리카, 오크라 양상추, 토마토, 셀러리, 여주	순무, 단호박 참마, 고구마, 콩류, 토란, 당근, 방울양배추, 팥 시금치, 숙주, 톳, 동아, 미역, 다시마, 파래김, 가지, 오이, 양상추	간(소, 돼지, 닭), 청차조기, 단호박 당근, 소송채, 달걀노른자 아스파라거스, 시금치, 파래김

재료

- ★ 재첩육수 (혹은 물) …250ml
- 전갱이 새끼…70g (약 4마리)
- 단호박…40g (약 4cm 정방형)
- 가지…30g (약 1/2개)
- 셀러리…20g (약 1/5개)
- 당근 …20g (약 2cm)
- 양송이…8g (약 1개)
- 실다시마…1큰술
- 생강가루…귀이개 1술
- 파래김…한 꼬집

만드는 법

1. 단호박, 가지, 셀러리, 양송이는 잘게 다진다. 전갱이새끼는 머리와 내장을 떼어낸다.
2. 냄비의 재첩육수가 끓으면 전갱이새끼, 단호박, 가지, 셀러리, 양송이를 넣고 거품을 걷어내면서 8분 정도 끓인다.
3. 2를 그릇에 옮겨서 식힌다.
4. 열이 다 식으면 당근을 갈아 넣고, 채 썬 다시마, 생강가루, 파래김을 넣은 다음 손으로 섞어주면 완성.

D 수산칼슘결석 케어

장내에 칼슘이 부족하면 수산이 변으로 배출되지 않고 요도로 운반되어 오줌 속의 칼슘과 결합하여 돌이 되어 축적된다. 먼저 장내 칼슘을 늘리고 수산이 많은 식재료는 줄임으로써 케어하자.

EFFECT 8
심장 케어에 도움이 되는 레시피

생명 유지에 가장 중요한 장기가 심장입니다.
매일 산책을 하여 심장을 강화시키고, 여러 종류의 식재료를 섭취토록 하여 건강한 심장으로 살아갈 수 있게 합시다.

◎섭취하면 좋은 식재료

EPA·DHA
《혈관의 건강 유지》

전갱이, 연어, 방어, 정어리, 고등어, 참치, 갈치, 마른멸치
대구, 가다랑어, 꽁치

A. 혈액순환을 촉진하고 혈액을 맑게 하는 심장 케어

비타민Q가 풍부한 가다랑어를 메인으로 심장의 움직임을 강화! 혈액 속의 여분의 지방을 제거해주는 발효버섯, 심장 서포트로 주목받는 청파파야로 심장 기능을 높이자.

재료
- ★ 재첩육수 (혹은 물) … 200ml
- 가다랑어 … 80g
- 청파파야 … 50g (약 1/6개)
- 브로콜리 … 30g (약 2줄기)
- 시금치 … 15g (약 1/2포기)
- 방울토마토 … 15g (약 1개)
- 발효버섯 (P.62 참조) … 1큰술
- 청차조기 … 1장
- 미역귀 … 1작은술
- 아마인유 … 1작은술
- 가츠오부시 … 한 꼬집
- 생강가루 … 귀이개 1술

만드는 법
1. 청파파야, 브로콜리, 방울토마토는 잘게 다진다. 시금치는 소금물에 데쳐서 다진다.
2. 냄비의 재첩육수가 끓으면 가다랑어를 넣는다. 거품을 걷어내면서 3분 정도 끓이다가 가다랑어를 먼저 그릇에 꺼내놓는다.
3. 냄비에 다져놓은 청파파야, 브로콜리, 방울토마토를 넣고 3분 정도 더 끓인다.
4. 채소가 익으면 그릇에 옮기고, 1의 시금치를 넣고 식힌다. 열이 다 식으면 다진 청차조기, 미역귀, 생강가루, 아마인유, 가츠오부시를 넣고 손으로 섞어주면 완성.

심장 케어 포인트

운동과 식사의 밸런스에 주의하자

심장은 질환의 유무와 상관없이 세월과 함께 기능이 저하되므로, 식사 케어는 물론이고 심근을 충분히 사용할 정도의 운동도 중요하다. 또한 심장 케어의 필수 영양소인 EPA와 DHA의 섭취를 위해 생선의 빈도를 높이고, 식이섬유가 풍부한 여러 종류의 채소도 함께 먹이도록 하자.

비타민 Q 《심장 활동을 강화》	식이섬유 《혈액 속 여분의 지방 배출》	비타민 E 《동맥경화 예방》	비타민 C 《혈관벽 강화》
정어리, 참치, 돼지 간, 염통 브로콜리, 콜리플라워, 감자, 콩가루, 가다랑어 시금치	양송이, 파슬리 감자, 고구마, 브로콜리, 양배추 상추, 우엉, 셀러리, 청파야, 톳, 한천, 오트밀, 율무가루	은어, 식물기름, 단호박 가다랑어, 달걀노른자, 콩 토마토, 모로헤이야	파슬리, 순무, 단호박 당근, 무, 브로콜리, 콜리플라워, 양배추, 소송채, 피망, 새싹, 고구마, 파프리카, 오크라 양상추, 토마토, 셀러리, 여주, 파래김

확실하게 이뇨를 진행하여 심장 강화

이뇨 효과가 높은 채소에 율무가루를 더하여 심장의 부담을 줄여주자. EPA와 DHA가 풍부한 고등어는 혈관의 건강에, 오트밀의 식이섬유는 혈액을 맑게 하는 효과가 있다.

재료

- ★ 다시마육수 (혹은 물) ···150ml
- 두유···80ml
- 고등어···80g
- 오크라···10g (약 1개)
- 콜리플라워···40g (약 2줄기)
- 양상추···15g (약 1장)
- 당근···20g (약 2cm)
- 브로콜리새싹···조금
- 말린 잎새버섯···2~3개
- 톳···7g
- 오트밀···1큰술
- 율무가루···1작은술

만드는 법

1. 오트밀은 따뜻한 물을 부어 자작하게 불려둔다. 콜리플라워, 양상추, 말린 잎새버섯을 잘게 다진다. 오크라는 두드려 놓는다.
2. 냄비의 다시마육수가 끓으면 한입 크기로 자른 고등어를 넣고 거품을 걷어내면서 3분 정도 끓인다. **1**의 콜리플라워, 말린 잎새버섯과 톳, 율무가루, 두유를 넣고 3분 정도 더 끓인다. 마지막에 양상추를 넣고 한소끔 끓으면 그릇에 옮겨 식힌다.
3. 불린 오트밀을 전자레인지에서 2분 가열한다.
4. 열이 다 식으면 당근을 갈아 넣고 **1**의 오크라, **3**의 오트밀과 브로콜리새싹을 넣고 손으로 섞어주면 완성.

EFFECT 9 눈 케어에 도움이 되는 레시피

반려견의 눈에 생기는 병은 생각보다 많습니다. 일단은 혈액순환이 잘되게 하고 수분 밸런스를 조절해줌으로써 예방 효과를 기대할 수 있습니다.

◎ 섭취하면 좋은 식재료

비타민 C
《백내장의 예방, 수정체의 산화 방지》

파슬리, 순무
당근, 무, 브로콜리, 콜리플라워, 양배추, 소송채, 피망, 새싹, 감자, 고구마, 파프리카, 오크라
양상추, 토마토, 셀러리, 여주

A 비타민 듬뿍 눈 케어

녹황색채소에서 비타민을 듬뿍 섭취하면, 활성산소가 눈 세포에 데미지를 주지 않도록 케어 해준다.

재료
- ★ 재첩육수 (혹은 물) … 200ml
- 가자미 … 90g
- 빨강 파프리카 … 40g (약 1/6개)
- 고구마 … 40g (약 1/5개)
- 적양배추 … 30g (약 1장)
- 발효채소 (P.62 참조) … 1큰술
- 파슬리 … 조금
- 흰깨 … 한 꼬집
- 마른멸치 … 3~4개
- 들기름 … 티스푼 1/2술

만드는 법
1. 빨강 파프리카, 고구마, 적양배추를 잘게 다진다.
2. 냄비의 재첩육수가 끓으면 가자미를 넣고 3분 정도 익힌다. 1의 빨강 파프리카, 고구마, 적양배추를 넣고 4분 정도 더 끓인 다음 그릇에 옮겨서 식힌다.
3. 열이 다 식으면 가자미의 뼈를 발라내고 발효채소, 파슬리, 흰깨, 마른멸치, 들기름을 넣고 손으로 섞어주면 완성.

눈 케어의 포인트

눈 케어에 꼭 필요한 비타민류

눈 기능 유지를 위한 비타민D와 β카로틴, 눈의 건조를 막아주는 비타민A, 눈의 모세혈관을 강화하여 백내장을 예방하는 비타민C. 이처럼 눈을 건강하게 유지하기 위해서는 비타민류가 꼭 필요하다. 매일매일 여러 종류의 비타민을 적극적으로 먹이자.

아스타잔틴	안토시아닌	비타민 A · β카로틴	비타민 B1	비타민 B2
《눈의 항산화작용》	《안정 피로의 회복, 시각 전달 지원》	《눈 세포의 점막 보호와 수복》	《시신경의 움직임 UP》	《지방의 대사 촉진》
연어, 보리새우, 금눈돔	차조기 팥, 검은콩, 블루베리, 라즈베리, 프룬, 사과, 적양배추, 검은깨, 자색고구마 딸기, 가지	간(소, 돼지, 닭), 청차조기, 단호박, 바질, 아귀 간, 닭 염통, 은어 당근, 소송채, 파프리카, 케일, 꼬투리강낭콩, 말리바시금치(황궁채), 달걀노른자, 장어, 대구 아스파라거스, 파래김, 미역, 한천, 여주, 모로헤이야, 시금치	간(소, 돼지, 닭), 연어, 전갱이, 방어, 도미, 잎새버섯 돼지고기, 대구, 장어, 완두콩, 브로콜리 조, 오트밀, 모로헤이야	간(소, 돼지, 닭), 돼지 염통, 낫토 치즈 미역, 톳

백내장 예방을 도와주는 밥

간과 눈은 연결되어 있어서 간을 강화시키면 눈의 건강 유지에도 도움이 된다. 비타민B1이 풍부한 돼지 간으로 간을 강화시키자.

재료

- ★ 다시마육수 (혹은 물) … 180ml
- 두유 … 70ml
- 돼지 간 … 1토막
- 파프리카 … 40g (약 1/4개)
- 방울양배추 … 1개
- 순무 (잎 포함) … 60g (약 1/2개)
- 당근 … 20g (약 2cm)
- 새싹 … 약 20개
- 말린 잎새버섯 … 1개
- 보리새우 … 2~3마리
- 가츠오부시 … 한 꼬집
- 생강가루 … 귀이개 1술
- 팥가루 … 1작은술
- 들기름 … 1작은술

만드는 법

1. 돼지 간, 파프리카, 방울양배추, 순무의 잎을 잘게 다진다. 결석이 있다면 순무 잎을 다른 냄비에서 데친 다음에 다진다.
2. 냄비에 참기름을 두르고 **1**을 볶은 다음 두유와 물을 넣고 7분 정도 끓인다. 순무를 갈아 넣고 한소끔 끓으면 그릇에 담아 식힌다.
3. 열이 다 식으면 당근을 갈아 넣고, 생강가루, 팥가루, 말린 잎새버섯, 새싹, 보리새우, 가츠오부시를 넣고 손으로 섞어주면 완성.

EFFECT 10 혈액순환에 도움이 되는 레시피

혈액은 몸의 수분을 조절하고, 효소와 영양을 전신의 세포에 보내며,
체온이나 면역력 유지에 중요한 역할을 수행하고 있습니다.
혈액을 만들고, 혈관을 강화하고, 혈액순환을 원활히 하는 식재료를 선택합시다.

A
민물생선의 왕
은어로 혈액순환 촉진

혈액순환을 촉진하는 대표적인 영양소이자, 비타민E가 어류에서 톱클래스인 은어. 제철에는 꼭 먹이고 싶은 생선이다. 비타민E, 비타민C를 함께 섭취함으로써 항산화 작용도 UP.

재료
- ★ 다시마육수 (혹은 물) … 200ml
- 어린 은어 … 65g (약 6마리)
- 토란 … 60g (약 대1개)
- 당근 … 20g (약 2cm)
- 동아 … 50g (약 1/50개)
- 우엉 … 15g (약 5cm)
- 청차조기 … 1장
- 발효버섯 (P.62 참조) … 1큰술
- 낫토 … 1작은술
- 된장 … 귀이개 1술
- 생강가루 … 귀이개 1술

만드는 법
1. 동아는 잘게 다진다. 우엉과 토란은 소금물에 데친 후 잘게 다진다.
2. 냄비를 뜨겁게 달군 후 어린 은어를 넣고 가볍게 볶는다.
3. 2에 다시마육수를 넣고 거품을 걷어내면서 3분 정도 끓인다. 1의 다진 동아, 우엉, 토란을 넣고 5분 정도 더 끓인 다음 그릇에 옮겨서 식힌다.
4. 열이 다 식으면 당근을 갈아 넣고 발효버섯, 된장, 청차조기, 생강가루를 넣어서 손으로 섞는다. 마지막에 낫토를 올리면 완성.

혈액순환 케어의 포인트

채소가 많은 밥으로 혈액순환을 촉진

혈액순환 개선을 위해서는 모세혈관을 넓혀서 혈류를 원활히 하는 영양소인 비타민E와, 항산화작용이 높은 비타민C를 함께 섭취해야 좋다. 식이섬유에는 혈중 지방을 제거하여 혈액을 맑게 하는 효과도 있는데, 모두 채소에 듬뿍 함유되어 있다. 낫토 또한 효과가 뛰어나니 적극적으로 활용해보자.

◎ 섭취하면 좋은 식재료

EPA·DHA《혈액순환 촉진》	비타민 P《모세혈관의 활동력UP》	식이섬유《혈액 속 여분의 지방 제거》	폴리페놀《강력한 항산화작용, 동맥경화 예방》	유황화합물《혈액을 맑게 해주는 효과》	비타민 E《동맥경화 예방, 모세혈관의 흐름을 원활하게》
전갱이, 연어, 방어, 정어리, 고등어, 참치, 갈치, 마른멸치, 사슴고기, 대구, 가다랑어, 꽁치	파슬리, 레몬, 사과, 살구, 토마토, 귤, 오렌지, 그레이프프루트, 시금치, 메밀	잎새버섯, 양송이, 파슬리, 감자, 고구마, 브로콜리, 콜리플라워, 양배추, 배추, 표고버섯, 양상추, 우엉, 셀러리	울금, 생강, 낫토, 된장, 적차조기, 블루베리, 자두, 적양배추, 자색고구마, 현미, 콩, 가지, 딸기	마늘, 순무, 양배추, 무, 브로콜리, 브로콜리 새싹	단호박, 은어, 아귀 간, 연어, 식물기름, 파슬리, 바질, 달걀노른자, 콩, 브로콜리, 자주개자리(알팔파), 케일, 완두순, 장어, 토마토, 모로헤이야, 시금치

식이섬유와 폴리페놀로 혈액을 맑게

피를 만들어주는 소고기를 메인으로 하여, 항산화작용과 동맥경화 예방에 빠질 수 없는 폴리페놀이 풍부한 울금, 생강가루를 플러스. 식이섬유도 듬뿍 섭취하여 혈액 속 여분의 지방을 제거하자.

재료
- ★ 치킨스프 (혹은 물) … 200ml
- 소고기 … 90g
- 가지 … 40g (약 1/2개)
- 방울토마토 … 30g (약 2개)
- 피망 … 20g (약 1/2개)
- 오크라 … 10g (약 1개)
- 톳 … 1작은술
- 두부 … 45g
- 울금 … 귀이개 1술
- 사과식초 … 1/2작은술
- 생강가루 … 귀이개 1술
- 100% 갈분 … 1큰술

만드는 법

1. 가지, 방울토마토, 피망, 오크라는 잘게 다진다. 톳도 가능한 잘게 다진다.
2. 냄비에 소고기를 살짝 볶아 먼저 그릇에 꺼내 놓는다.
3. **2**의 냄비에 **1**의 가지, 방울토마토, 피망, 톳과 두부, 울금을 넣고 볶는다.
4. **3**에 치킨스프를 붓고 3분 정도 끓인다. 냄비에 국물을 조금 남기고 그릇에 담는다.
5. 냄비를 다시 불에 올리고, 자작한 물에 푼 갈분을 넣어 이기어 **4**의 그릇에 붓는다. 열이 다 식으면 사과식초, 생강가루를 넣고 손으로 섞어주면 완성.

EFFECT 11 당뇨병 케어에 도움이 되는 레시피

당뇨병 케어의 포인트

췌장의 건강이 병 예방의 열쇠

혈당치를 낮추는 유일한 호르몬인 인슐린은 췌장에서 분비되므로 인슐린의 활동을 향상시키는 아연을 함유한 식재료를 선택하자. 또한 혈당치를 낮추는 성분과 식이섬유를 다량 함유한 채소 등으로 당뇨병 예방 효과를 기대할 수 있다.

◎섭취하면 좋은 식재료

식이섬유《혈당치를 낮추고 장내세균을 증식》	비타민 B1《당질의 대사 촉진》	비타민 D《칼슘과 함께 인슐린의 분비 촉진》	칼슘《인슐린 분비를 촉진》	아연《세포 재생》
양송이, 파슬리, 감자, 양배추, 고구마, 브로콜리, 양상추, 톳, 셀러리, 한천, 우엉, 오트밀, 청파파야, 율무가루	간(소, 돼지, 닭), 연어, 방어, 전갱이, 도미, 잎새버섯, 돼지고기, 대구, 장어, 완두콩, 브로콜리, 오트밀, 조, 모로헤이야	치어, 정어리, 마른멸치, 꽁치, 연어, 은어, 장어, 샛줄멸, 잎새버섯, 목이버섯, 표고버섯	보리새우, 정어리, 전갱이새끼, 샛줄멸, 케일, 날치, 톳, 미역, 다시마	정어리, 연어, 소고기, 고등어, 마른멸치, 간(소, 돼지), 잎새버섯, 단호박, 돼지고기, 굴, 파프리카가루, 잉어, 참깨, 치즈, 콩, 말고기, 파래김

아연이 풍부한 굴로 인슐린의 활동을 UP

재료

- ★ 다시마육수 (혹은 물) …250ml
- 닭 가슴살 다짐육 …50g
- 굴 …2개
- 메추리알 …1개
- 소송채 …20g (약 1/3다발)
- 당근 …20g (약 2cm)
- 참마 …50g (약 2cm)
- 우엉 …40g (약 1/3개)
- 새싹 …약 20개
- 말린 잎새버섯 …1개
- 낫토 …1작은술
- 무말랭이 …10g
- 생강가루 …귀이개 1술
- 팥가루 …1작은술

만드는 법

1. 무말랭이는 10분 정도 물에 불려 두고, 메추리알은 삶는다. 소송채는 데쳐서 물기를 빼고 잘게 다진다. 참마는 갈고 우엉은 잘게 다진다.
2. 냄비의 다시마육수가 끓으면, 가볍게 둥글린 닭 가슴살 다짐육을 데친다. 거품을 걷어내면서 완자가 떠오를 때까지 3~4분 정도 끓인다. **1**의 우엉과 무를 넣고 4분 정도 더 끓인다.
3. **2**에 굴을 넣고 다 익으면 **1**의 소송채와 참마를 넣어 30초 정도 더 끓인 다음 그릇에 옮겨서 식힌다.
4. 열이 다 식으면 당근을 갈아 넣고, **1**의 삶은 메추리알, 말린 잎새버섯, 새싹, 팥가루, 생강가루를 넣고 손으로 섞는다. 마지막에 낫토를 올리면 완성.

EFFECT 12 췌장염 케어에 도움이 되는 레시피

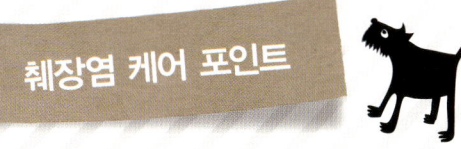

췌장염 케어 포인트

저당질 & 저지방으로 소화가 잘되는 식사를

한 번 췌장염을 경험한 반려견에게는 소화효소가 많은 생식과 영양보충제를 플러스하여 저당질 & 저지방을 기본으로 만들어주는 것이 포인트. 또한 식이섬유는 좀 줄이고, 채소는 잘 익혀서 준다. 1회의 식사량을 줄여서 수회에 나누어줄 것을 권장한다.

◎섭취하면 좋은 식재료

바나듐 《혈당치 저하》	마그네슘 《효소 활동을 서포트》	저지방단백질 《소화 부담 경감》	발효식품 《정장작용》	비타민 B12 《흡수 억제 = 보급》
양송이, 파슬리, 작은 생선, 정어리, 고등어 달걀, 콩 바지락, 재첩, 멍게, 다시마, 미역, 톳	참깨, 콩 한천, 미역, 파래김, 다시마, 톳, 수박	사슴고기, 대구, 참치, 닭 가슴살(껍질×) 광어, 가다랑어, 가자미 말고기	낫토, 된장, 사과식초, 술지게미 요구르트, 발효채소, 발효버섯	연어, 정어리, 간(소, 돼지, 닭), 은어, 고등어 굴, 대구, 가츠오부시 재첩, 김, 바지락, 말고기

푹 익혀서 소화 서포트

재료
- ★ 재첩육수 (혹은 물) …200ml
- 말고기 (냉동) …80g
- 감자…70g (약 1/2개)
- 주키니 (돼지호박) …60g (약 1/4개)
- 브로콜리…30g (약 2줄기)
- 발효버섯 (P.62 참조) …1큰술
- 퀴노아…1큰술
- 미역귀…1작은술
- 시나몬…조금

만드는 법

1. 브로콜리, 주키니, 감자는 잘게 다진다. 퀴노아는 내열용기에 물 50cc와 함께 넣고 전자레인지에서 5~6분 가열하여 그대로 15분 정도 놓아둔다.
2. 냄비의 재첩육수가 끓으면 **1**의 브로콜리, 주키니, 감자를 넣고 5분 정도 끓인다.
3. 냉동상태의 말고기를 그릇에 담고 **2**의 내용물을 조금씩 부으면서 해동시킨다.
4. **3**의 말고기가 해동되면 잘게 찢으며 식힌다.
5. 열이 다 식으면 시나몬을 뿌리고 손으로 섞는다. 마지막에 낫토를 올리면 완성.

병이 나면 주의해야 할 식재료 랭킹

기억해두면 도움이 돼요!

신부전·스트루바이트 결석 의 경우

신장의 기능이 저하되면 칼륨의 배출이 감소하고 인을 배출할 수 없게 되므로, 칼륨과 인을 많이 함유한 식재료를 피할 필요가 있다. 반대로 칼륨이 적은 식재료는 안심하고 활용할 수 있다.

✘ 칼륨이 많다 (100g 중)

1. 다시마, 미역, 톳 8200~6400mg
2. 파슬리 3600mg
3. 무말랭이 3500mg
4. 드라이 토마토 3200mg
5. 김 2500mg
6. 잎새버섯, 표고버섯 2500mg
7. 콩류(콩가루, 콩) 2000mg
8. 정어리 1600mg

⭕ 칼륨이 적다 (100g 중)

1. 숙주 24mg
2. 달걀노른자 87mg
3. 수박 132mg
4. 요구르트 170mg
5. 청파파야 190mg
6. 나도팽나무버섯 230mg
7. 돼지고기 250mg
8. 표고버섯 272mg

✘ 인이 많다 (100g 중)

1. 마른멸치 1500mg
2. 보리새우 1200mg
3. 치어 860mg
4. 치즈 850mg
5. 가츠오부시 790mg
6. 달걀, 김, 잎새버섯 700mg
7. 콩가루 680mg
8. 당비름 540mg

⭕ 인이 적다 (100g 중)

1. 굴 100mg
2. 소고기, 돼지고기 135mg
3. 닭고기 160mg
4. 풋콩 170mg
5. 꽁치 180mg
6. 낫토 190mg
7. 요구르트 196mg
8. 전갱이 229mg

췌장염·심장질환 의 경우

콜레스테롤을 너무 많이 섭취하면 동맥경화를 부르고, 혈중의 콜레스테롤 농도를 높이기 때문에 췌장이나 심장에 부담이 된다. 따라서 포화지방산을 많이 함유한 식품은 피하는 편이 좋다.

✘ 포화지방산이 많다 (100g 중)

1. 야자기름 83.96mg
2. 코코넛오일 74mg
3. 버터 50.56mg
4. 돼지고기 등심 32mg
5. 소고기 채끝 32mg
6. 휘핑크림 28mg
7. 돼지고기 뒷다리 27mg
8. 내추럴 치즈 21mg

⭕ 불포화지방산이 많다 (100g 중)

1. 가다랑어 0.12mg
2. 참치 0.2mg
3. 닭 가슴살 0.22mg
4. 사슴고기 0.44mg
5. 돼지고기 안심 0.56mg
6. 연어 0.66mg
7. 말고기 0.8mg
8. 돼지 간 0.86mg

식재료에는 제각기 서로 다른 효과가 있으므로
병의 종류에 따라서는 피하는 편이 좋은 식재료도 있습니다.
여기에서는 특정의 병이 났을 때
피하는 편이 좋은 물질을 많이 함유한 식재료와 적은 식재료 순위를 매겨봤어요.
반려견이 병으로 힘들어 할 경우에는 식재료를 잘 선택해주세요!

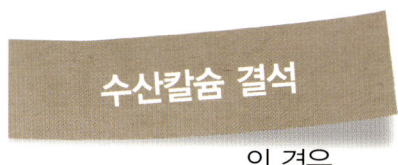

의 경우

수산염과 칼슘이 결합하여 신장 안에 생기는 돌. 식재료를 충분히 끓이거나 물에 씻어냄으로써 수산을 줄이고, 칼슘과 함께 섭취함으로써 체외로 배출할 수 있다.

✖ 수산이 많다 (100g 중)

1. 시금치 800mg
2. 양배추 300mg
3. 브로콜리 300mg
4. 콜리플라워 300mg
5. 양상추 300mg
6. 고구마 250mg
7. 가지 200mg
8. 무, 순무 50mg

⭕ 칼슘이 많다 (100g 중)

1. 바질가루 2800mg
2. 마른멸치 2200mg
3. 건조 타임 1700mg
4. 보리새우 1500mg
5. 건조 파슬리 1300mg
6. 케일 1210mg
7. 시나몬, 참깨 1200mg
8. 가츠오부시 840mg

의 경우

암세포는 당질을 에너지원으로 삼는다고 알려져 있다. 가능한 당질은 피하고 싶지만, 메리트가 많은 식재료도 있으니 양이나 밸런스를 따져 선택한다.

✖ 당질이 많다 (100g 중)

1. 식빵 89.36mg
2. 당면 83mg
3. 팥 41mg (단, 신장 서포트에는 뛰어나다)
4. 백미 36.8mg
5. 현미 34.2mg
6. 밤 32.5mg (단, 속껍질의 탄닌은 암 예방이 된다.)
7. 고구마 29.2mg
8. 바나나 21.4mg

⭕ 디자이너 푸드 1군 식품

1. 마늘 (반려견이 섭취할 경우에는 소량으로)
2. 양배추
3. 방울양배추
4. 생강
5. 당근
6. 콩
7. 셀러리
8. 파스닙 (방풍나물)

※디자이너 푸드 = 암을 예방한다고 알려져 있는 식재료

> 원 포인트 어드바이스①

장에 좋고 시간도 절약되는 유산발효 절임을 만들어보자

손쉽게 만들 수 있는 유산균발효 절임은, 장의 건강 유지에 아주 효과적입니다. 일단 만들어두면 바쁜 아침이라도 숟가락으로 떠서 드라이 푸드나 만들어놓은 밥에 얹어주기만 하면 됩니다. 채소의 수분과 비타민류, 그리고 유산균을 함께 장까지 운반해 준답니다.

원래 유산균이란 장내 세균의 일종으로, 선옥균인 유산균을 늘려 장내가 산성이 되면 장의 소화흡수력이 높아져 장운동이 활발해집니다. 결과적으로 변비나 설사가 개선되어 면역력이 높아지는 것이지요.

만드는 법도 아주 간단합니다. 소금물에 채소나 버섯을 담가 방치해두면 됩니다. 사용할 채소로는 무, 당근, 셀러리, 오이, 사과, 양배추 등이 좋고, 버섯은 잎새버섯, 만가닥버섯, 새송이버섯, 양송이, 표고버섯, 팽이버섯을 추천합니다. 상비해두면 정말 편리한 유산균발효채소, 꼭 한 번 만들어보세요.

재료

- 물… 300ml
- 암염…3g
- 좋아하는 채소 (적어도 2~3종) 혹은 버섯 (1종류라도 OK) …250g

만드는 법

1. 보존병은 열로 소독하여 둔다. 채소는 잘게 다진다. 버섯은 살짝 뜨거운 물에 데친다. 소금을 물에 풀어둔다.
2. 보존병에 채소 혹은 버섯을 넣고 **1**의 소금물을 넣고 뚜껑을 덮는다(꽉 닫지 않는다).
3. 1~3일간 실내의 직사광선이 닿지 않는 장소에 방치해두면 완성. 뚜껑을 꼭 닫고 냉장고에 보관하면 2주일 정도 보존할 수 있다.

※ 줄 때는 절였던 물기를 잘 빼서 주자. 염분이 걱정되면 물에 잠시 담갔다가 주면 된다.
※ 채소를 잘 소화시키지 못하는 아이의 경우에는 페이스트 상태로 만들어주자.
※ 절인 국물에도 많은 유산균과 맛 성분이 함유되어 있다. 사람이 먹는 스프, 카레, 스튜의 밑간으로 이용하거나 오일과 섞어서 드레싱으로 이용해도 좋다. 버리지 말고 사람의 식사에도 활용해보자.

CHAPTER 3 계절에 어울리는 레시피

겨울의 노폐물을 배출하여 리셋

춘분

DATA
- 시기 : 2~3월경
- 효과 : 디톡스 (해독)
- 섭취 권장 식재료 : 굴, 쑥갓, 물냉이, 시금치, 셀러리, 유채꽃, 레몬, 울금

봄의 디톡스 유무에 따라 1년의 건강 밸런스가 결정된다고 해도 과언이 아닐 정도로 중요한 계절. 체내에 쌓은 독소를 해독하고, 소변 등으로 배출하여 컨디션을 조절합시다.

쌉쌀한 봄 채소로 디톡스 촉진

재료
- ★ 재첩육수 (혹은 물) … 250ml
- 돼지 간 … 80g
- 무 … 60g (약 2cm)
- 당근 … 40g (약 5cm)
- 우엉 … 30g (약 7cm)
- 쑥갓 … 15g (약 2줄기)
- 물냉이 … 15g (3~4줄기)
- 사과식초 … 1작은술
- 울금 … 1/2작은술
- 참기름 … 아주 조금
  (테플론 등 눌어붙지 않는 냄비의 경우는 참기름이 필요 없다.)

만드는 법

1. 돼지 간, 무, 당근을 적당한 크기로 자르고, 냄비에 참기름을 두르고 울금과 함께 볶는다. 어느 정도 익으면 재첩육수를 부어서 거품을 걷어내면서 5분 정도 끓인다.
2. 우엉은 5분 정도 물에 담갔다가 1에 갈아 넣고 5분 정도 더 끓인다.
3. 2를 그릇에 옮기고 데쳐서 다진 쑥갓을 넣고 식힌다.
4. 열이 다 식으면 사과식초, 물냉이를 넣고 손으로 섞어주면 완성.

Point

쌉쌀한 봄 채소로 디톡스 촉진

쑥갓이나 물냉이 등의 쌉쌀한 성분이 많은 봄 채소는 디톡스를 촉진해주기 때문에 이 계절에 꼭 섭취해야 할 식재료. 배출을 촉진함과 동시에 울금에 함유된 쿠르쿠민으로 간 기능을 향상시키자.

굴로 아연과 미네랄, 비타민 보급

재료

- ★ 재첩육수 (혹은 물) … 250ml
- 굴 … 큰 것 1~2 마리
- 시금치 (혹은 유채꽃) … 30g
- 셀러리 … 15g
- 레몬 … 조금
- 만가닥버섯 … 40g
- 미역 … 10g
- 봉 한천근 … 약 6cm
- 된장 … 귀이개 1 술
- 생강가루 … 귀이개 1 술
- 가츠오부시 … 한 꼬집
- 밀가루 … 조금

(※ 밀가루가 안 맞는 아이에게는 빼도 된다.)

만드는 법

1. 봉 한천은 물에 담가둔다. 굴은 밀가루를 묻혀서 냄비에서 살짝 굽는다. 굴을 꺼내고 재첩육수를 부어 끓인 다음 적당한 크기로 자른 셀러리, 만가닥버섯을 넣고 3분 정도 더 끓인다.
2. 구운 굴, 물에 불려놓은 한천을 찢어 1에 넣고 녹인다.
3. 그릇에 옮기고 소금물에 데쳐 다진 시금치, 된장, 가츠오부시, 생강가루를 넣어서 식힌다.
4. 열이 다 식으면 잘게 다진 미역, 레몬을 조금씩 넣고, 손으로 섞어주면 완성.

Point

1년에 한 번은 간 기능을 돕는 굴을!

간 기능을 서포트 하는 비타민 B12와 아연, 항산화작용이 있는 미네랄인 셀렌 등이 풍부한 굴은 1년에 2~3회는 반려견에게 먹이고 싶은 식재료. 비타민C 가득한 레몬이 미네랄의 흡수율을 높인다.

여름의 시작은 '심장' 케어를!

입하

기온도 슬슬 오르고 1년 중 제일 지내기 편한 계절. 기분이 상승하며 심장의 움직임이 활발해지는 계절이기도 합니다. 제철 채소를 듬뿍 섭취하여 마음도 몸도 건강하게 생활합시다.

DATA

시기	4~5월경
효과	심장 케어
섭취 권장 식재료	아스파라거스, 누에콩, 완두콩, 가리비, 구기자 열매

그린 삼총사로 피로회복과 혈행 촉진

재료

- ★ 치킨육수 (혹은 물) ··· 250ml
- 닭날개 ··· 3개
  (※ 치킨스프부터 만들 경우)
- 아스파라거스 ··· 60g (약 3개)
- 감자 ··· 60g (약 1/2개)
- 누에콩 ··· 50g (약 10개)
- 완두콩 ··· 40g (약 1/3컵)
- 청차조기 ··· 1장
- 율무가루 ··· 1큰술
- 들기름 ··· 1작은술

만드는 법

1. p.13의 요령으로 치킨스프를 만든다(시판용 치킨스톡을 이용해도 된다).
2. 감자는 통째로 얇게 썰고, 아스파라거스는 적당한 크기로 자른다. 누에콩은 껍질째 뜨거운 물에 2분 정도 삶고, 거기에 완두콩을 추가하여 3분 정도 더 삶은 다음 물기를 빼둔다.
3. 냄비에 **1**의 치킨스프가 끓으면 **2**의 감자와 아스파라거스를 넣고 3분 정도 익힌다. **2**의 누에콩과 완두콩을 추가하여 5분 정도 더 끓인다. 감자가 부서질 정도가 되면 불을 끄고 식힌다.
4. 열이 다 식으면 율무가루를 넣고 블렌더로 알갱이가 생기지 않을 만큼 갈아준다. 그릇에 옮기고 채 썬 청차조기, 들기름, 치킨스프부터 만든 경우에는 뼈에서 발라낸 닭날개의 살을 올리고 손으로 섞어주면 완성.

Point

5월이 제철인 녹색 채소로 심장 케어

아스파라거스, 누에콩, 완두콩은 피로회복과 혈행 촉진에 딱 맞는 식재료로, 심장 케어 효과도 있다. 포타주 풍으로 만들면 식이섬유 풍부하고 위장에도 부담을 주지 않는다. 닭고기를 올리지 않아도 훌륭한 한 끼로 손색이 없다.

가리비와 구기자 열매로 피로회복 & 혈압의 정상화

재료
- ★ 재첩육수(혹은 물)…180ml
- 두유…70ml
- 가리비…70g(4~5개)
- 양상추…45g(3~4장)
- 소송채…25g(1포기 미만)
- 100% 갈분…1큰술
- 생강가루…귀이개 1술
- 구기자열매…조금

만드는 법
1. 가리비와 적당한 크기로 자른 양상추를 냄비에 살짝 볶는다. 재첩육수를 부어 끓이면 구기자열매와 두유를 추가하여 2분 정도 더 끓인다.
2. 국물을 조금 남기고 그릇에 옮겨 담고 식힌다.
3. 냄비에 남은 국물을 끓여서 자작한 물에 푼 100% 갈분을 넣고 이겨 **1**의 그릇에 담는다.
4. 열이 다 식으면 소금물에 데쳐 다진 소송채, 생강가루를 넣고 손으로 섞어주면 완성.

Point

가리비의 다양한 효과로 여름 준비 OK!

가리비의 타우린은 피로회복 & 혈압의 정상화, 알라닌은 간의 해독 강화, 아연은 신진대사를 높이는 데 도움이 된다. 구기자 열매에는 기의 흐름을 좋게 하는 작용이 있어 우울해지기 쉬운 환절기에 어울리는 식재료이다.

습기를 날려버리고 이뇨를 확실히

장마

DATA

시기	6~7월
효과	이뇨 촉진, 부종 해소
섭취 권장 식재료	전갱이, 농어, 동아, 숙주, 옥수수, 오이, 꼬투리강낭콩, 양배추, 표고버섯, 팥

고온다습의 장마철은 수분 밸런스에 혼란을 주고, 산책 부족으로 피부 트러블이나 열병, 설사 등을 일으키는 원인이 됩니다. 이뇨를 원활히 하여 체내의 습기를 날려버립시다!

비장 케어의 식재료로 위장기능을 강화

재료
- ★ 재첩육수(혹은 물)···250ml
- 전갱이···1마리
- 달걀···1개
- 양배추···40g(약 1장)
- 옥수수···속대를 포함해서 30g(약 1/10개)
- 꼬투리강낭콩···20g(약 2~3개)
- 표고버섯···15g(약 1개)
- 율무가루···1큰술
- 생강가루···귀이개 1술
- 100% 갈분···1큰술

만드는 법

1. 전갱이는 뼈와 살을 따로 분리한다. 양배추, 꼬투리강낭콩, 표고버섯은 적당한 크기로 자른다. 옥수수는 랩으로 싸서 전자레인지에 2분 정도 가열하고(혹은 소금물에 데치고), 옥수수대에서 알갱이를 분리하여 잘게 다진다.
2. 냄비에 재첩육수가 끓으면 전갱이의 뼈를 넣고 2분 정도 끓인다. 전갱이의 살, 표고버섯, 양배추, 꼬투리강낭콩, 율무가루를 넣고 3분 정도 더 끓인 다음 전갱이의 뼈를 꺼낸다.
3. 달걀을 풀어 2의 냄비에 흘려 넣고 재빨리 섞는다. 흰자가 다 익으면 불을 끈다.
4. 국물을 조금 남기고 그릇에 옮긴 다음 옥수수, 생강가루를 넣고 식힌다.
5. 냄비에 남은 국물이 끓으면 자작한 물에 푼 100% 갈분을 넣고 이겨서 4의 그릇에 넣는다. 열이 다 식으면 손으로 섞어주어 완성.

Point

습기를 제거하는 소재를 조합

체내의 습기를 날려주는 전갱이는 장마철에 딱 어울리는 최적의 식재료. 옥수수나 꼬투리강낭콩, 표고버섯, 양배추도 마찬가지다. 비장에 습기가 남으면 위장장애를 일으키기 쉬우므로 습기 제거에 탁월한 식재료를 섭취하자.

이뇨 효과가 탁월한 채소로 부종 제거

재료

- ★ 다시마육수 (혹은 물)…250ml
- 농어…80g(약 1토막)
- 참마…70g(약 3cm)
- 동아…65g(약 1/50개)
- 숙주…20g(약 20개)
- 오이…20g(약 1/5개)
- 청차조기…1장
- 생강가루…귀이개 1술
- 팥차…100ml(혹은 팥가루 2작은술)

만드는 법

1. 동아, 마, 오이를 적당한 크기로 자른다. 숙주, 청차조기 잎은 잘게 다진다.
2. 냄비의 다시마육수가 끓으면 농어를 넣고 거품을 걷어내면서 2분 정도 끓인다. 동아와 팥차(혹은 팥가루를 물에 푼 것)를 넣고 4분 정도 더 끓인다.
3. 잘게 썬 숙주를 넣고 한소끔 끓인 다음 그릇에 옮긴다. 그 위에 마를 갈아 넣고 식힌다.
4. 열이 다 식으면 다진 청차조기와 생강가루를 올리고 손으로 섞어주면 완성.

Point

이뇨를 촉진하고 신장을 케어

동아, 숙주, 오이는 칼륨이 많아 이뇨작용에 효과적인 채소. 농어도 이뇨작용을 하는 생선이다. 노폐물의 배출에 중점을 두고 여분의 수분을 배제하면서 신장에 부담을 주지 않도록 팥으로 서포트 하자.

몸의 열을 제거하고, 냉방 대책도 잊지 말자

대서

DATA
시기 : 7~8월
효과 : 냉방의 냉병 대책, 정장작용
섭취 권장 식재료 : 갈치, 은어, 청차조기, 주키니, 모로헤이야, 오크라, 가지, 토마토, 시나몬, 한천

최근 여름 더위가 기승을 부리다 보니 24시간 냉방 속에 지내다 몸속까지 찬 기운이 스며든 반려견이 많습니다. 실내외 기온 차로 인한 자율신경의 혼란은 설사구토를 일으키므로 체내 환경을 잘 정돈하도록 합시다.

냉방의 냉병으로 비롯된 컨디션 회복

재료

- ★ 치킨스프 (혹은 물) … 250ml
- 양 살코기 … 90g
- 메추리알 … 3개
- 방울토마토 … 3개
- 브로콜리 … 20g (약 1줄기)
- 콜리플라워 … 20g (약 1줄기)
- 당근 … 15g (약 2cm)
- 사과 … 15g (약 1/8개)
- 레몬 … 조금
- 양송이 … 2개
- 시나몬 … 귀이개 1술
- 100% 갈분 … 1큰술

만드는 법

1. 브로콜리, 당근, 콜리플라워, 사과는 동그랗게 잘라주고, 메추리알은 삶아서 껍질을 벗긴다.
2. 냄비에 양고기 살코기를 구워 익으면 치킨스프를 넣고 거품을 걷어내면서 3분 정도 끓인다. 당근, 양송이를 넣어서 3분 정도, 브로콜리, 콜리플라워, 사과, 방울토마토를 넣고 다시 3분 정도 끓인다.
3. 국물을 조금 남기고 그릇에 옮긴 다음 메추리알, 시나몬을 넣고 식힌다.
4. 냄비에 남은 국물이 끓으면 자작한 물에 푼 100% 갈분을 이겨서 **3**의 그릇에 담는다. 열이 다 식으면 레몬을 조금 짜서 넣고 손으로 섞어주면 완성.

Point

냉방으로 차가워진 몸을 따뜻하게

양고기는 몸의 열이 방출되지 않게 막는 효과가 있다. 시나몬도 몸의 속부터 데워주기 때문에 함께 섭취하면 효과는 배가 된다. 몸을 차게 하는 여름 채소가 아니라 평성 채소를 메인으로 조리하는 것이 포인트.

구연산으로 피로회복 & 혈행 촉진

재료
- ★ 다시마육수 (혹은 물) … 200ml
- 갈치 … 80g (약 1토막)
- 모로헤이야 … 25g (약 5줄기)
- 오이 … 20g (약 1/5개)
- 주키니 … 20g (약 1/10개)
- 셀러리 … 10g (약 1/10개)
- 영콘 … 10g (약 1개)
- 청차조기 … 1장
- 우메보시 … 작은 것 1개
- 생강가루 … 귀이개 1술
- 봉 한천 (혹은 분말 한천) … 1g

만드는 법

1. 봉 한천을 물에 담가 5~10분 정도 불린다. 다시마육수를 끓여 생강가루를 넣고 불린 봉 한천을 찢어가면서 넣어 녹인다. 열이 식으면 냉장고에서 식혀 젤리 상태를 만든다.
2. 오이, 주키니, 셀러리, 영콘은 적당한 크기로 자른다. 모로헤이야는 소금물에 데친 다음 두들겨서 끈적함을 낸다.
3. 냄비에 300ml 정도의 뜨거운 물을 붓고 갈치를 넣어서 4분 정도 끓인다. 거기에 오이, 주키니, 셀러리, 영콘을 넣고 2분 정도 졸인 다음 끓으면 채에 올려 물기를 뺀다(국물은 버리지 말고 다른 날의 스프로 이용하거나 한천으로 만들어 간식으로 이용한다).
4. **3**에서 갈치 뼈를 발라내고 채소와 함께 그릇에 담는다. **1**의 젤리 상태를 흐트러 그릇에 담고 잘게 썬 청차조기, 두들긴 모로헤이야, 우메보시를 넣고 손으로 섞어주면 완성.

Point
모로헤이야와 우메보시로 혈류 개선

피로회복 효과가 있는 구연산이 풍부한 우메보시를 사용한 일품. 더욱이 모로헤이야는 혈당치의 상승을 억제하고 혈행을 촉진하는 무틴도 듬뿍 함유하고 있으므로 운동 부족도 해소된다. 젤리 형태로 만들면 여름을 타느라 식욕이 없는 아이에게도 좋다.

가을을 느끼면서도 아직 남은 더위 대책을

입추

아직은 여름 더위가 남아 있는 가을의 시작. 수시로 바뀌는 기온과 온도에 어울리는 생활로 건강한 날들을 맞이하고 싶습니다. 여름의 열을 제거하면서 가을을 대비한 디톡스 개시!

DATA

시기	8~9월
효과	열을 제거하고 여름 더위 회복
섭취 권장 식재료	돼지고기, 꽁치, 가다랑어, 여주, 피망, 파프리카, 단호박, 주키니, 생강, 밤

돼지고기로 여름 더위 방지 & 피로회복

재료

- ★ 재첩육수 (혹은 물) … 250ml
- 돼지 뒷다리살 … 90g
- 단호박 … 40g(약 4cm 정방형)
- 여주 … 35g(약 1/8개)
- 토마토 … 150g(중간 크기 1개)
- 피망 … 20g(약 1/2개)
- 빨강 파프리카 … 20g(약 1/8개)
- 레몬 … 조금
- 오트밀 … 1큰술
- 시나몬 … 귀이개 1술

만드는 법

1. 단호박, 여주, 토마토, 피망, 빨강 파프리카는 적당한 크기로 자른다. 오트밀은 따뜻한 물에 자작하게 불린다.

2. 냄비를 달구고 돼지 뒷다리살과 단호박, 여주, 토마토, 피망, 빨강 파프리카, 시나몬을 넣어서 볶는다(돼지고기 기름이 나오므로 기름은 필요 없다). 재료들이 익으면 재첩육수를 넣고 5분 정도 더 끓인 다음 그릇에 옮기고 식힌다.

3. 내열용기에 오트밀과 물을 넣고 전자레인지에 2분 가열하여 **2**의 그릇에 담는다. 열이 다 식으면 레몬을 짜서 넣고 손으로 섞어주면 완성.

Point

녹황색채소로 비타민 보급

비타민은 피로회복과 혈액순환을 촉진해준다. 비타민C가 풍부한 녹황색채소와 비타민B1이 풍부한 돼지고기의 더블 비타민 케어! 남은 더위에 대비하여 오트밀로 이뇨작용을 촉진하여 부종도 제거하자.

등푸른생선의 EPA 로 혈액을 리프레시

재료

- ★ 다시마육수 (혹은 물) … 250ml
- 꽁치 … 150g (약 1마리)
- 가지 … 35g (약 1/2개)
- 오크라 … 1개
- 말린 잎새버섯 … 2~3개
- 미역귀 … 1큰술
- 유채꽃 … 조금
- 검은깨 … 한 꼬집
- 된장 … 귀이개 1술
- 생강가루 … 귀이개 1술
- 봉 한천 … 약 6cm

만드는 법

1. 꽁치는 뼈와 살을 발라 살을 두드린다(혹은 머리와 내장을 떼고, 블렌더로 뼈째 갈아준다). 가지는 적당한 크기로 자른다. 오크라는 따뜻한 물에 살짝 담갔다 빼서 두드린다. 봉 한천은 물에 담가 5~10분 정도 불린다.
2. 갈아 놓은 꽁치와 잘게 썬 미역귀를 섞어서 둥글게 완자를 만든다.
3. 냄비의 다시마육수가 끓으면 2의 꽁치 완자와 말린 잎새버섯만을 넣고 거품을 걷어내면서 3분 정도 삶는다. 가지를 넣고 2분 정도 더 끓인다.
4. 불린 봉 한천을 찢어 넣고 다 녹으면 그릇에 옮긴 다음 된장, 검정깨를 넣고 식힌다. 열이 다 식으면 1의 오크라, 생강가루, 유채꽃을 넣고 손으로 섞어주면 완성.

Point
꽁치로 체내의 열 제거!

등푸른생선은 DHA와 EPA가 풍부해서 혈액을 맑게 하는 데 효과적이고, 국화꽃에 포함되어 있는 글루타민산은 간의 디톡스에 도움이 되므로 둘을 조합하면 혈행을 촉진하면서 디톡스. 열과 부종을 남기지 말고 가을을 맞이하자.

가을병 회복과 건조 대책으로 촉촉하게

추분

DATA
- 시기 : 10~11월
- 효과 : 감염 & 건조 예방
- 섭취 권장 식재료 : 간, 고등어, 연근, 비트, 토란, 마, 고구마, 잎새버섯, 만가닥버섯, 사과

여름철 실내외의 기온 차로 인한 자율신경의 혼란이 가을병으로 이어질 수도 있는 계절.
몸속에서부터 노화와 당화를 예방하고 회복시켜주는, 항산화작용이 있는 가을의 식재료로 해결합시다!

뿌리채소 콤비로 장을 활성화

Point
연근과 우엉은 점막 케어도

연근과 우엉의 뿌리채소를 사용한 일품은 장을 깨끗이 하고 가을병을 방지해준다. 동시에 건조가 시작되는 시기의 폐와 점막 케어도 해준다. 간을 플러스하여 비타민A를 보급하고 점막 케어를 해주자.

재료
- ★ 치킨스프 (혹은 물)…200ml
- 닭 간…60g
- 달걀…1개
- 연근…30g(약 1.5cm)
- 우엉…25g(약 8cm)
- 두부…30g(약 1/4모)
- 파드득나물(삼엽채)…5줄기 정도
- 흰깨…조금
- 100% 갈분…1큰술
- 참기름…조금

만드는 법

1. 연근, 우엉은 소금물에 데치고 잘게 다진다. 파드득나물은 뜨거운 물에 살짝 담갔다 뺀다.

2. 냄비의 치킨스프가 끓으면 닭 간과 두부를 넣고 거품을 걷어내면서 4분 정도 끓인다. 잘게 다진 연근과 우엉을 넣고 2분 정도 더 끓으면 국물 외의 내용물을 그릇에 옮긴다.

3. 프라이팬에 참기름을 조금 두르고 조금 센 중불에 푼 달걀을 한 번에 흘려 넣고 젓가락으로 크게 휘젓는다. 몽글몽글한 상태가 되면 불을 끄고 **2**의 재료 위에 붓는다.

4. 냄비에 남은 국물이 끓으면 자작한 물에 푼 100% 갈분을 넣고 이겨서 **3**의 그릇에 넣고 식힌다. 열이 다 식으면 흰깨, 파드득나물을 올려서 완성.

가을병 오기 전 몸에 에너지 주입

> **Point**
>
> 칼로리가 높은 비트는 에너지원으로
>
>
>
> 비트는 혈류 개선에 효과가 있는 채소. 칼로리가 높은 편이므로 소량이라도 에너지원이 되어 가을병의 피곤함을 회복시켜준다. 소고기는 몸에 열을 남기는 역할도 하므로 찬 기운이 도는 이 시기부터 활용토록 하자.

재료

- ★ 재첩육수 (혹은 물) ⋯ 250ml
- 소 살코기 ⋯ 90g
- 비트 ⋯ 65g
- 토란 ⋯ 60g(작은 것 약 2개)
- 당근 ⋯ 50g(약 5cm)
- 브로콜리 ⋯ 30g(약 2줄기)
- 파슬리 ⋯ 1~3줄기
- 코티지치즈 ⋯ (p.96참조)1큰술

만드는 법

1. 비트, 당근, 브로콜리는 적당한 크기로 썬다. 토란은 얇게 썰고 전자레인지로 2~3분 가열한다(혹은 소금물에 데친다).
2. 냄비를 달군 후 소 살코기와 비트, 토란, 당근, 브로콜리를 볶는다.
3. 재료가 익으면 재첩육수를 부어 거품을 걷어내면서 5분 정도 끓인다. 채소가 익으면 그릇에 옮기고 식힌다.
4. 열이 다 식으면 코티지치즈와 파슬리를 올리고 손으로 섞어주면 완성.

추위 대책! 냉기로부터 몸을 지키자

대한

DATA	
시기	12~1월
효과	감염 예방, 냉병 방지
섭취 권장 식재료	연어, 대구, 순무, 콜리플라워, 배추, 브로콜리, 새싹, 청경채, 방울양배추, 생강가루, 술지게미

개도 냉병에 걸립니다. 체온이 1℃ 내려가면 면역력이 30%나 떨어지고, 반대로 체온이 1℃ 높아지면 면역력은 5~6배나 높아집니다. 장을 활성화시켜 면역력을 높이는 식재료를 적극적으로 섭취하도록 합시다.

술지게미와 된장의
W 발효식품으로 체온 UP!

재료
- ★ 치킨스프 (혹은 물) … 250ml
- 닭 가슴살 … 80g
- 온천달걀 … 1개
- 고구마 … 45g(약 1/5개)
- 무 … 40g(약 2cm)
- 배추 … 40g(약 2장)
- 당근 … 20g(약 2cm)
- 술지게미 … 8g
- 된장 … 귀이개 1술
- 가츠오부시 … 한 꼬집

만드는 법

1. 닭 가슴살과 고구마, 무, 배추, 당근을 적당한 크기로 자른다.
2. 냄비를 달구고 1을 볶는다. 재료가 익으면 치킨스프를 부어 거품을 걷어내면서 10분 정도 끓인다.
3. 술지게미를 국물에 풀어 섞고 끓여서 알코올이 날아가면 그릇에 넣어 식힌다.
4. 열이 다 식으면 된장, 가츠오부시, 온천달걀을 넣고 손으로 섞어서 완성.

Point

된장과 술지게미는 최강 콤비

된장과 술지게미의 W 발효식품으로 장을 활성화하여 체온 UP! 된장은 필수아미노산이 풍부하여 건강 유지에는 불가결한 식재료. 술지게미는 몸을 데워서 체온을 올려준다. 몸을 따뜻하게 해주는 뿌리채소와 제철의 배추를 섭취하여 체온을 높이자.

연어와 버섯으로 면역력 UP

재료

- ★ 다시마육수 (혹은 물) … 250ml
- 연어 … 75g (약 1토막)
- 순무 … 50g (약 1개)
- 청경채 … 3~4장
- 만가닥버섯 … 25g (약 1/4팩)
- 새송이버섯 … 20g (약 1/2개)
- 퀴노아 … 1큰술
- 생강가루 … 귀이개 1술

만드는 법

1. 내열용기에 퀴노아 1큰술과 물 50cc을 넣고 전자레인지에서 5~6분 가열한 후 15분 정도 그대로 놓아두어 수분을 흡수시킨다. 청경채는 소금물에 데치고 잘게 다진다. 순무, 만가닥버섯, 새송이버섯은 적당한 크기로 자른다.

2. 냄비의 다시마육수가 끓으면 연어, 순무, 만가닥버섯, 새송이버섯을 넣고 거품을 걷어내면서 5분 정도 끓인 다음 그릇에 담아 식힌다.

3. 열이 다 식으면 생강가루와 **1**의 퀴노아 1큰술, 청경채를 넣고 손으로 섞어주면 완성

Point

연어로 면역력 & 체온을 높인다

항산화물질이 풍부한 연어와 β글루칸이 듬뿍 든 버섯의 콤비네이션은 면역력을 올리는 데 효과적. 연어에는 근육 강화 효과도 있으므로 체온도 UP! 겨울철 냉병 예방으로는 생강가루가 좋다.

반려견이 나에게 가르쳐준 것 2

나쟈와 살면서 탄생한 국물 자작한 밥

우리 집의 공주님은 현재 15살의 할머니, 미니어처슈나우저인 나쟈입니다. 몇 년 전부터 그녀는 국물 자작한 밥을 먹고 있지요. 덕분에 젊은 시절의 자랑스러웠던 하얀 털은 어느새 국물로 인해 갈색으로 물들고 말았답니다. 조금 누더기가 된 겉모습이 아쉽긴 하지만, 몸속은 10년 전보다 훨씬 좋아진 게 틀림없습니다. 그래도 나이 때문인지 해가 갈수록 간 기능이 떨어져 마치 폭탄을 안고 사는 것 같습니다. 그래서 간을 서포트 하는 채소를 많이 먹이고 허브인 밀크씨슬로 케어하고 있지요.

그럼에도 불구하고 역시 미니어처슈나우저! 자기가 알아서 물 한 모금 먼저 마시는 법이 없습니다. 나이가 들어 보습 능력과 수분 조정 능력이 점점 떨어지는데도 말입니다. 그래서 생각해낸 것이 수분을 듬뿍 함유한 밥을 주는 것이었지요. 매번 400㎖의 국물에 채소를 듬뿍 넣어서 끓여줍니다. 또한 보습력을 높이기 위해서 장의 점막이 건조해지지 않도록 보호해줄 필요가 있으므로, 끈적끈적한 채소류와 해조류, 천천히 흡수되는 한천 등의 식재료를 자주 이용하는 편입니다.

현재는 완전히 은거생활 중인 공주님, 아니 여왕님. 뛰어다니면서 에너지를 소비하는 일 따위는 없기 때문에, 에너지원인 탄수화물은 거의 필요하지 않습니다. 1년에 몇 번 오트밀로 간식을 만들어주는 정도지요. 대신 고기나 생선을 많이 먹입니다. 보통은 고령견이 되면 고기나 생선을 줄이는 경우가 많은데, 단백질의 대사와 흡수 능력이 계속 떨어지는데 양까지 줄이면 살이 되고 피가 되는 원료가 줄어드는 셈입니다. 면역력을 떨어뜨리지 않기 위해서라도 오히려 10% 정도 늘려주는 것이 좋습니다. 나이가 들었으니까 젊었을 때보다는 생선의 횟수를 늘려서, 고기 6에 생선 4 정도의 배율입니다. 주 2~3회 생달걀도 빠트리지 않습니다. 아주 좋아해요.

무엇보다 최고의 영양제는 바로 제 손입니다. 매 끼니마다 맨손으로 잘 섞어주면서 맛있어지길 기도합니다. 오늘도 건강하게 밥을 먹어주어서 고마워~!

CHAPTER 4 열두 달의 성찬 & 디저트

1月
January

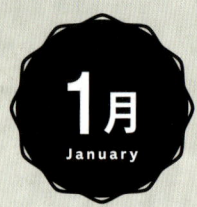

1년의 계획은 새해 첫날에!

무병장수를 바라는 정월요리

연초 1월의 성찬이라고 하면 역시 오세치요리*겠지요.
조림에는 가족들이 서로 사이좋게 지내라는 의미가 있다고 하지요.
이처럼 의미 있는 요리를 가족들과 나누어 먹으며 1년을 시작합시다.

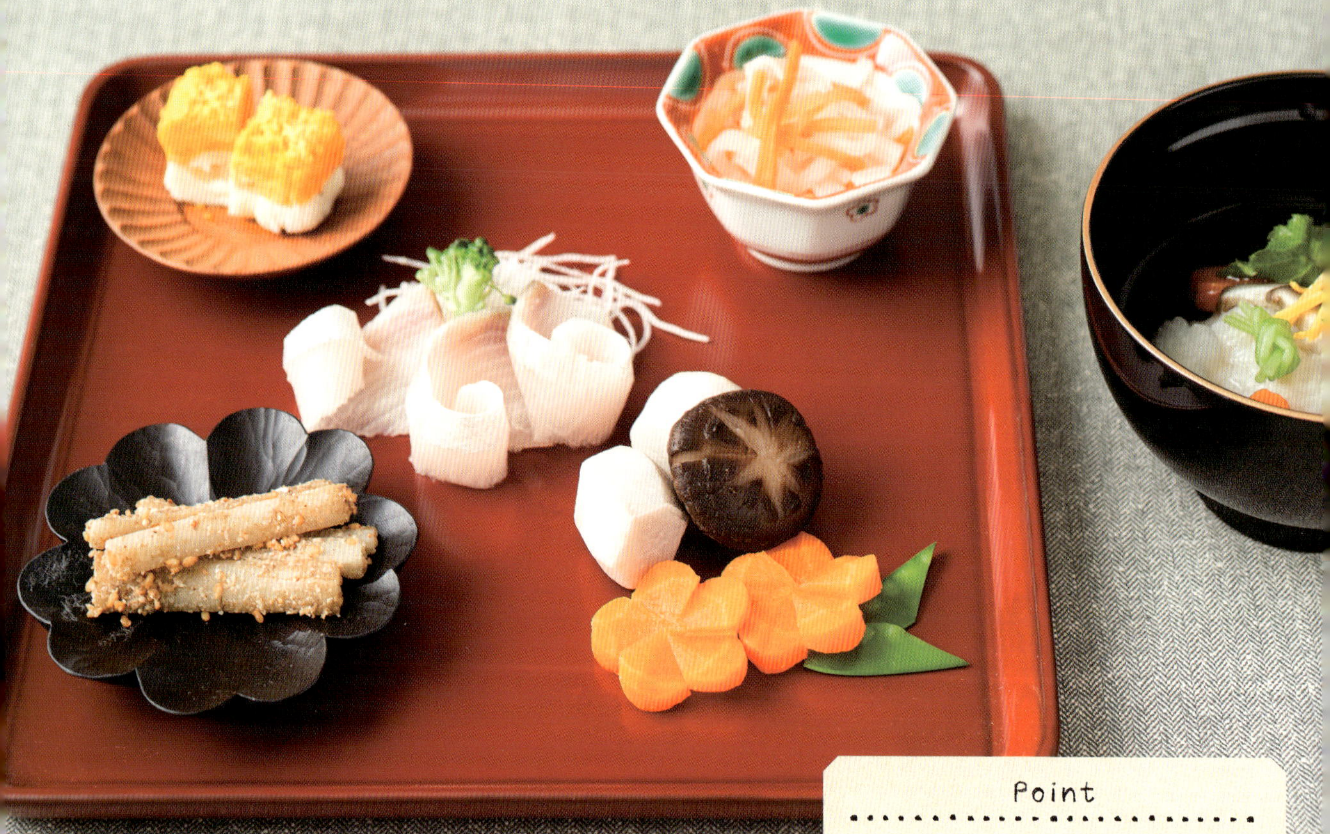

Point

사람이 먹는 설날요리를 조금씩

연초에는 반려견도 가족 모두와 함께 같은 음식을 나눠먹고, 올해의 건강을 기원하며 1년을 맞이하자. 요리에 간을 하기 전에 반려견 용으로 식재료를 따로 나눠놓으면 만드는 시간도 걸리지 않는다.

*오세치요리(お節料理): 국물이 없고 보존성이 높은 음식을 찬합에 담아 정월에 먹는 일본의 명절 요리.

◎조림

재료 (2~3회분)

- 토란 … 150g (약 2~3개)
- 당근 … 100g (약 1/2개)
- 연근 … 50g (약 3cm)
- 꼬투리강낭콩 … 3~4개
- 말린 표고버섯 … 작은 것 3~4개

만드는 법

1. 말린 표고버섯은 약 200ml의 따뜻한 물에 12시간 정도 담가서 모양을 낸다(※국용으로 1/2 정도 남겨둔다).
2. 토란은 육면체로 자르고, 소금물로 데친다(혹은 전자레인지에 2~3분 가열). 당근은 꽃모양으로, 연근은 적당한 크기로 자른다. 꼬투리강낭콩은 뜨거운 물에 살짝 담갔다 뺀다.
3. 표고버섯을 담가두었던 국물을 끓여서 토란, 당근, 연근을 넣어 15분 정도 졸인다(※국물은 다타키 우엉과 초무침 용으로 1큰술 남겨둔다). 다 익으면 그대로 식혀서 표고버섯, 꼬투리강낭콩과 함께 그릇에 담는다.

◎초무침

재료 (2~3회분)

- 무 … 70g (약 4~5cm의 1/2)
- 당근 … 50g (약 4~5cm)
- 식초 … 1작은술
- 소금 … 조금
- 조림국물 … 1.5 작은술

만드는 법

1. 무와 당근을 길이 4~5cm로 잘라 껍질을 벗긴 뒤 옆으로 조금 두껍게 채 썬다.
2. 소금을 아주 조금 넣고, 풀이 죽으면 물에 씻어 잘 짠다.
3. 조림의 국물, 식초를 섞어서 그릇에 담는다.

◎회 & 마른멸치

재료

- 회 (좋아하는 종류로 선택. 참치, 잿방어, 농어, 도미 등)
- 마른멸치 (무염 타입)

만드는 법

1. 회는 그대로 담는다.
2. 마른멸치는 설탕, 미림, 간장에 볶은 후 담는다.

◎다타키 우엉

재료 (2~3회분)

- 우엉 … 30g (약 10cm)
- 간 흰깨 … 적당량
- 식초 … 조금
- 조림국물 … 1.5 작은술

만드는 법

1. 우엉을 4~5cm의 길이로 자르고 옆으로 1/4로 나누어 식초를 조금 넣은 물에 10분 정도 담가둔다. 물에서 건져낸 우엉은 냄비에 넣고 우엉을 덮을 정도의 물을 부어 뚜껑을 덮는다. 10분 정도 부드러워질 때까지 졸인다.
2. 물기가 없는 도마에 올리고 절굿공이나 식칼을 이용하여 두드린다.
3. 조림 국물과 간 흰깨를 뿌리고 그릇에 담는다.

◎금란 (비단달걀찜)

재료

- 달걀 … 1개

만드는 법

1. 달걀은 노른자가 익도록 푹 삶아서 흰자와 노른자를 나눈 다음 채를 이용하여 각각 곱게 거른다.
2. 네모난 내열용기(용기가 너무 크면 옅어지므로 작은 사이즈의 플라스틱 용기 등)에 랩을 깔고, 채에 거른 흰자를 꾹 눌러 평평하게 만든다. 그 위에 채에 거른 노른자의 2/3를 꾹 눌러서 평평하게 만든다.
3. 남은 1/3의 노른자를 위에 뿌리고 가볍게 랩을 덮어 500W 전자레인지에 2분(찜기라면 5분) 가열한다.
4. 냉장고에 넣어 식히고 굳으면 잘라서 그릇에 담는다.

◎국

재료

- 다시마육수 … 200ml
- 닭고기 안심 … 15g (약 1/3개)
- 마 … 100g (약 4cm)
- 당근 … 10g (약 1cm)
- 무 … 10g (약 0.5cm)
- 말린 표고버섯 … 1/2개
- 생강가루 … 조금
- 파드득나물 … 조금
- 유자 껍질 … 조금

만드는 법

1. 냄비에 다시마육수가 끓으면 닭 가슴살을 넣고 거품을 걷어내면서 3분 정도 삶는다.
2. 은행 모양으로 자른 무와 당근(각 3~4개), 채 썬 말린 표고버섯을 넣고 3분 정도 끓인다.
3. 마를 갈아서 600W 전자레인지에 20초 돌리고 섞는다. 이를 2~3회 반복하여 찰기를 만든다.
4. **2**를 그릇에 옮기고 **3**의 마를 숟가락으로 떠서 떡처럼 넣는다. 생강가루를 넣고 뜨거운 물에 담갔다 뺀 파드득나물과 유자껍질로 장식하여 완성.

추위가 아직은 계속되는 시기
냉병 대책에 도움이 되는 절분의 노란 도깨비

입춘 전일 명절인 절분(세쓰분)을 기념하여, 추운 계절에 몸을 데워주는 식재료로 만든 도깨비 모양의 *긴돈을 소개합니다. 코티지치즈로 구름의 형태를 표현하여, 보기만 해도 귀여운 모습에 절로 미소가 떠오르네요.

재료
- 달걀…1개
- 단호박…100g (약 1/10개)
- 청차조기…1장
- 딸기…1/8개
- 코티지치즈 (P.96 참조)…3큰술
- 김…조금
- 시나몬…조금

만드는 법
1. 단호박은 껍질을 벗기고 적당한 크기로 자른 후 500W 전자레인지에서 3~4분 가열한다(혹은 찜기에서 5분 정도 찌든가 3~4분 삶는다).
2. 1에 시나몬을 뿌리고 반죽하여 각각 3~4cm와 4~5cm의 완자로 둥글게 만든다. 작은 쪽의 완자에 자른 김으로 얼굴을 만들고, 큰 쪽의 완자를 밑으로 하여 눈사람 형태를 만든다.
3. 달걀을 풀어서 지단을 만들고 폭 3㎝ 정도로 자른다. 2의 아래쪽 완자에 두르고 그 위에 가늘게 자른 김을 2장 붙여서 얼룩무늬를 만든다.
4. 머리에 잘라놓은 딸기를 세워 올리고, 주위에 채 썬 청차조기를 올려 곱슬머리를 만든다.
5. 그릇에 올리고 구름처럼 주위에 코티지치즈를 올린다.

*긴돈- 강낭콩과 고구마를 삶아 으깨어 밤 따위를 넣은 단 식품

2月 February

Point
혈행 & 대사 촉진으로 체온을 올린다

혈액순환을 돕는 비타민류를 듬뿍 함유한 단호박을 메인으로, 몸속에서부터 따뜻해지게 만드는 청차조기와 시나몬을 결합하여 체온 UP! 여기에 코티지치즈로 칼슘 보급 & 디톡스까지!

환절기는 디톡스의 시기!
면역력 UP!
히나마츠리의 오시즈시(틀초밥/누름초밥)

3月 March

3월은 복숭아꽃의 계절, *히나마츠리의 시기. 우유팩을 이용해 오시즈시를 만들어보면 어떨까요? 일반적으로 밥을 사용하는 밑 부분은 매시포테이토로 만들었습니다. 채소와 동물성 단백질로 화사하게!

재료

- 연어 (회감용) … 2~3조각
- 달걀 … 1개
- 감자 … 150g (약 1개)
- 오이 … 20g (약 3.5cm)
- 래디시 … 10g (작은 것 1개)
- 팥가루 … 1작은술

※우유팩을 준비한다.

만드는 법

1. 3.5cm의 오이는 먼저 세로로 반을 가르고, 다시 얇게 자른다. 래디시는 통으로 얇게 썬다. 연어는 얇게 저며 둔다. 지단을 부쳐 3.5cm 직사각형으로 자른다.
2. 감자는 5mm 정도의 두께로 자르고 500W의 전자레인지에 3~4분 가열한다(혹은 찜기로 5분 정도 찌든가 3~4분 삶는다). 부드러워지면 볼에 감자를 넣고 팥가루와 함께 으깬다.
3. 우유팩을 깨끗이 씻고 밑에서 높이 5cm 정도로 자른다. 랩을 깔고 **1**의 오이와 래디시, 연어, 지단을 나열한다. **2**의 매시포테이토를 가능한 넓게 깔아서 눌러준다.
4. 랩으로 싸서 냉장고에 넣어 굳히고, 먹을 때 우유팩에서 꺼내 그릇에 담는다.

*히나마츠리- 3월 3일, 여자 어린이의 성장을 축하하는 일본 전통 축제

Point

면역력을 높이는 여러 가지 식재료

비타민이 듬뿍 들어 면역력 UP이 기대되는 감자에 팥가루를 섞어 간도 서포트. 연어의 오메가3와 지방산도 면역력 UP에 도움이 된다. 래디시는 소화효소기 많아서 암 예방에도 효과적이다.

Point

간 기능을 조절해주는 식재료로 케어

4월은 광견병 주사를 맞는 계절이기도 하므로 디톡스가 중요하다. 완두콩, 누에콩은 디톡스에 효과적이고, 치즈는 풍부한 아미노산으로 간 기능을 회복시켜준다. 셀러리는 치즈와 함께 섭취함으로써 릴랙스 효과도!

광견병 주사의 계절에는 대사를 촉진!

봄의 디톡스 사블레(버터쿠키)

녹색채소를 듬뿍 넣은 사블레는 디톡스 효과가 있어서 간을 깨끗하게 해줍니다.
좋아하는 크기로 자를 수 있으므로 봄의 산책길에 가방에 살짝 숨겨서 가져가봅시다!

재료

- 모차렐라치즈 … 3장
- 프로세스치즈 … 좋아하는 만큼
- 완두콩 … 60g (약 1/2컵)
- 누에콩 … 50g (10~15개)
- 셀러리 … 20g (약 4cm)

만드는 법

1. 완두콩, 누에콩을 2분 정도 소금물에 데친다. 셀러리는 잘게 채 썬다.
2. 달걀말이용 프라이팬에 밖으로 빠져 나올 만큼 쿠킹 시트를 빈틈없이 깔아준다. 그 위에 모차렐라치즈를 빈틈없이 깔고 프로세스치즈를 흩뿌려준다. 불을 아주 약하게 해서 천천히 치즈를 녹인다.
3. 치즈가 조금 녹기 시작하면 완두콩, 누에콩, 셀러리를 전체에 흩뿌린다.
4. 약한 불로 천천히 익히면서 끝부분의 색이 노릇하게 올라오고 전체가 한 장이 되면 쿠킹 시트의 끝을 잡아 뒤집는다. 뒤집은 내용물을 눌러가면서 콩 쪽도 눋도록 굽는다.
5. 알맞게 익으면 불을 끄고 식힌 다음 적당한 크기로 자른다.

5月 May

Point
적양배추는 우수한 점막보호 식재료

적양배추에 함유되어 있는 비타민U는 점막보호작용을 돕고, 항산화작용도 있으므로 감염 예방에도 효과적이다. 참마는 체력회복, 생강은 소염작용이 높으므로 적극적으로 섭취하여 꽃가루 등의 알레르기 대책을 세우자.

초목이 싹을 틔우기 시작하면
꽃가루에 주의!

바이러스 대책에 도움이 되는 투구 모양 튀김

단오절 즈음, 남자아이의 축하 간식으로 어떨까요? 알레르기가 있는 반려견은 바이러스 대책도 겸하여 춘권의 피와 적양배추로 만드는 투구 튀김이 잘 어울립니다.
종이접기를 하는 요령으로 간단히 만들 수 있습니다.

재료

- 춘권피 … 5장
- 돼지 뒷다리살 다짐육 … 50g
- 참마 … 35g (약 1.5cm)
- 적양배추 … 15g (약 1/2장)
- 생강가루 … 귀이개 1술
- 튀김기름 (참기름이나 쌀기름 등을 권장) … 적당량

만드는 법

1. 돼지 뒷다리살 다짐육, 잘게 다진 적양배추, 갈아놓은 참마, 생강가루를 잘 섞어서 속을 만든다.
2. 춘권피로 투구 접기를 하는데, 마지막의 삼각을 안쪽으로 접기 직전까지 접는다.
3. 투구 안에 **1**의 다짐육 속을 넣고 **2**의 마지막 단계인 삼각을 속을 감싸듯 안쪽으로 집어넣는다.
4. 160°C(저온에서 차분히)에서 천천히 옅은 갈색을 띨 때까지 튀긴다. 고온으로 튀기면 터지거나 찢어지는 등 형태가 부서지기 쉬우므로 주의하자. 다 튀겼으면 완전히 기름을 빼고 식힌다.

습기가 많은 장마철은
위장 트러블이 많은 계절
위장 케어에 도움이 되는
수국 경단

장마철은 습기로 인한 설사구토 등의 위장 트러블이 급증하는 시기입니다.
위장을 케어하는 식재료를 활용하여 활짝 핀 수국의 아름다움을 부드러운 한천으로 재현해봅니다!

재료

- 적양배추…20g (약 1/2장)
- 분말 한천…2g+조금
- 레몬즙…5~6방울
- 젤라틴 가루…적당량
- 찌개두부…50g (약 1/6모)
- 백옥분…50g

만드는 법

1. 냄비에 물 200ml와 분말 한천 2g을 넣고 불에 올려 녹인다. 적양배추를 비닐봉지에 넣어 잘 주무른 후 냄비에 넣는다. 물이 푸른색으로 변하면 체에 거른다.

2. 푸른색의 한천액을 2색으로 만들려면 2개, 3색으로 만들려면 3개의 용기에 나눈다. 나눈 용기 각각에 레몬즙을 넣는다(레몬즙 1방울을 떨어뜨리면 옅은 보라색, 1/4작은술을 넣으면 분홍색이 되는 등 레몬즙의 양에 따라 수국의 색을 그라데이션으로 표현할 수 있다). 레몬즙을 넣은 한천액을 냉장고에 넣어 굳힌다.

3. 물기가 있는 상태의 두부와 백옥분을 볼에 넣고 귓불 감촉이 느껴질 정도로 잘 섞는다. 딱딱하게 느껴지면 물을 조금 더 넣고, 너무 부드러우면 백옥분을 넣어서 조절한다.

4. 냄비 가득 물을 끓여서 **3**을 지름 4~5cm로 경단을 만들어 넣은 다음 물 위로 떠오르면 꺼내놓는다.

5. 가루젤라틴을 뜨거운 물에 녹여 **4**의 경단에 바른다. **2**를 5mm 길이로 썬 것을 경단 주위에 골고루 붙인다.

Point

점막을 보호하고 항산화작용 UP!

효소 담뿍 두부와 염증 억제 효과가 있는 백옥분의 경단에 위장 점막 보호 효과가 있는 적양배추와 레몬즙으로 색을 입혔다. 항산화작용도 높으므로 장내 세균을 정돈해 준다.

습기를 날려서 면역력 UP
여름철 피로회복! 프로즌 요구르트

장마가 걷히고 기온이 점점 높아져가는 계절.
장마 습기의 피곤을 날리고, 위장 케어를 하면서 면역력 UP!

재료
- 플레인 요구르트 … 200g
- 파인애플 … 60g (약 3조각)
- 냉동 블루베리 … 30g (약 15알)

※ 제빙기 혹은 플라스틱 보존용기를 준비한다.

만드는 법
1. 냉동 블루베리를 숟가락으로 으깬다. 으깰 때 나오는 즙은 제빙기 절반 부분에 아주 조금씩 넣는다.
2. 요구르트(100g)와 **1**의 으깬 블루베리를 볼에 넣고 몇 번 뒤적여 섞는다. 너무 많이 뒤적이면 완성했을 때의 모양이 마블 상태가 되지 않으므로 주의한다.
3. **2**를 **1**의 즙을 넣은 제빙기의 칸에 흘려 넣는다. 각각의 칸을 이쑤시개로 두어 번 저으면 먼저 넣었던 즙과 섞이면서 마블 느낌이 더 살아난다.
4. 남은 요구르트 100g과 잘게 자른 파인애플을 볼에 몇 번 뒤적여 섞고 **3**의 제빙기 남은 부분에 흘려 넣는다.
5. 제빙기를 냉동고에 넣어 굳히고, 다 굳으면 그릇에 담는다.

7月 July

Point
면역력 UP 식재료를 조합

요구르트는 내추럴 킬러 세포를 활성화하여 면역력을 높여준다. 여기에 효소가 듬뿍 들어 있어 위장을 정돈해주는 파인애플과 비타민E가 풍부하여 혈액순환을 촉진해주는 블루베리를 플러스하여 더블로 면역력 UP.

8月 August

더위에 지치지 않는 몸을 만들자!

여름 더위를 방지하는 봉봉 한천

보기에도 시원해 보이는 봉봉 한천은
식이섬유가 풍부하고,
수분이 천천히 체내로 흡수됩니다.
타코야키 기계로 간단히 만들어서
냉장고에 일주일 정도 보존하며 상비 간식으로!

Point
피로회복 & 이뇨효과를 노린다

간 기능을 강화해주는 닭고기 안심과 풍부한 비타민C로 피로회복 효과가 있는 채소 봉봉 한천. 그리고 이뇨작용을 돕는 오이와 수박의 봉봉 조합은 여름 더위 방지에 효과적! 반찬으로도 간식으로도 좋다.

◎ 닭고기 안심 & 채소 봉봉

재료 (12~15개분)
- 닭고기 안심…1조각
- 무…60g (약 2cm)
- 당근…30g (약 3cm)
- 빨강&노랑 파프리카…각 20g (약 1/8개)
- 오크라…10g (약 1개)
- 브로콜리…30g (약 2줄기)
- 분말 한천…4g

※ 타코야키 기계 혹은 제빙기나 플라스틱 보존용기 등 형태를 만들 수 있는 것을 준비한다.

만드는 법

1. 냄비에 물을 끓여 오크라, 브로콜리, 작게 깍둑썰기 한 무, 당근, 파프리카를 3분 정도 삶는다. 다 삶아지면 건져서 오크라는 모양대로 얇게 썰고, 브로콜리는 손으로 작게 찢는다.
2. 500ml의 물을 끓인 다음 닭고기 안심을 거품을 걷어내면서 삶는다. 다 익으면 꺼내어 손으로 잘게 찢는다.
3. 2의 삶은 물 400ml를 조금 식혀서 분말 한천을 넣고 다시 끓인다. 물이 너무 뜨거우면 가끔 분말 한천이 굳어버릴 수도 있으니 주의하자.
4. 타코야키 기계 같은 형틀에 1의 채소와 2의 닭고기 안심을 알맞게 넣고 3을 바특하게 붓는다.
5. 상온에서 15분 정도 식힌다. 한천액이 굳으면 손으로 뒤집어서 플라스틱 보존용기 등에 옮겨서 냉장고에 넣어둔다.

◎ 빨강 & 초록 봉봉

재료 (10~12개분)
- 오이…100g (약 1개)
- 수박…200g (약 2조각)
- 분말 한천…4g

만드는 법

1. 오이를 갈아서 약 200ml분량이 되도록 물로 조절한다. 수박도 약 200ml분량이 되게 간다.
2. 냄비에 1의 오이와 분말 한천 2g을 넣고 끓여서 타코야키 기계 같은 형틀에 붓는다.
3. 2와 마찬가지로 냄비에 1의 수박과 분말 한천 2g을 넣고 끓여서 타코야키 기계 같은 형틀에 붓는다.
4. 상온에서 15분 정도 식힌다. 한천액이 굳으면 손으로 뒤집어서 플라스틱 보존용기 등에 옮겨서 냉장고에 넣어둔다.

9月 September

더위와 냉병의 트러블을
한 번에 해결!

환절기의 체력회복
보름달 경단

보름날 밤에는 아름다운 달을 보면서 가족 모두가 달구경을 해도 좋겠지요. 여름철 피로회복에도 도움이 되고, 점점 추워지는 시기의 냉병 대책도 가능한 애견용 감자 경단을 소개합니다.

재료

- 닭고기 다짐육 … 30g
- 감자 … 150g (약 1개)
- 율무가루 … 1큰술
- 100% 갈분 … 20g
- 생강가루 … 귀이개 1술

만드는 법

1. 감자는 싹을 도려내고 얇게 썬다(껍질은 영양가가 높으므로 남겨두어도 좋다). 냄비에 물을 끓여 물러질 정도로 삶는다(찌든가 전자레인지에 3분 정도 가열해도 된다).

2. **1**에 100% 갈분, 율무가루, 생강가루를 넣고, 물을 조금씩 부어 되기를 조절하면서 찰기가 느껴질 때까지 반죽한다. 너무 묽으면 동그랗게 만들기 어려우므로 조금 되다 싶은 정도가 좋다.

3. **2**를 직경 3cm 정도로 공 모양으로 동그랗게 만든다. 동그랗게 만든 반죽을 일단 펴서 다진 닭고기를 티스푼 반 정도(직경 1cm 정도) 넣고 다시 동그랗게 만다. 이것을 15개 정도 만든다.

4. 냄비에 넉넉하게 물을 넣고 끓인 다음 **3**을 넣고 떠오를 때까지 2~3분 삶는다. 경단이 떠오르면 체로 건져 물기를 빼고 그릇에 담는다.

Point
피로회복도 하면서 몸을 따뜻하게

피로회복에 좋은 비타민이 풍부한 감자와 다진 닭고기, 몸을 따뜻하게 해주는 100% 갈분과 생강이 들어간 경단. 율무는 여름에 쌓인 노폐물을 배출하고, 혈액을 맑게 해준다.

점막 보호로 가을을 즐기자!
건조함으로부터 점막을 보호해주는 밤 만주

식욕의 계절, 가을! 과식과 건조한 공기로부터 점막을 보호하고 위장을 케어해줍시다.
돼지 간과 쌀가루로 만든 밤 모양 만주는, 반려견에게 슈퍼 푸드!

재료
- 쌀가루 … 100g
- 캐롭 파우더 … 20g
- 돼지 간 … 70g
- 바나나 … 40g (약 1/2개)
- 흰깨 … 적당량

※ 나무찜통 혹은 찜기를 준비한다.

만드는 법
1. 돼지 간과 바나나를 블렌더에 넣고 갈아서 페이스트 상태로 만든다(혹은 절구로 빻는다).
2. 1에 쌀가루와 캐롭 파우더를 넣고 반죽한다. 찰기가 돌면 손에 물을 묻히고 밤 모양으로 만든다. 이것을 4~5개 만든다.
3. 밤 모양의 밑쪽에 흰깨를 찍어 붙이고 나무찜통에 넣어서 약 10분간 찐 다음 그릇에 담는다. 주 재료가 쌀가루여서 쉽게 굳지만, 굳으면 랩에 싸서 전자레인지로 데우면 다시 부드러워진다.

Point
대사를 높이고 점막을 보호한다

피로회복 효과가 뛰어나고 점막보호에 탁월한 효능의 돼지 간과 혈당치를 정상화시켜주는 슈퍼 푸드인 캐롭 파우더의 결합! 소재를 연결하는 쌀가루와 바나나도 소화를 부드럽게 하고, 당질의 대사를 서포트 해준다.

Point

스태미나를 키워 항산화작용을 UP

몸을 따뜻하게 하고 항산화작용을 높이며 스태미나를 키우는 고구마, 단호박, 자색고구마에 신진대사를 촉진하는 파래김과 콩가루, 활성산소 제거의 참깨, 면역 UP의 파프리카가루 등의 조합으로 만든 경단 간식으로 몸을 정비하여 겨울을 대비하자.

가을이 깊어지면 이 간식을!

단풍의 계절에 월동준비 경단

단호박, 고구마, 자색고구마로 가을의 낙엽 이미지로 만든 색색의 경단은, 겨울맞이를 준비하는 간식으로 좋아요. 몸을 따뜻하게 하면서 체력도 키워줍니다. 한입 크기라 언제 어디서든 먹을 수 있어요!

재료 (7색 각 3~4개분)

- 고구마 … 150g (약 1/2개)
- 단호박 … 100g (약 1/10개)
- 자색고구마 … 100g (약 1/2개)
- 파래김 … 적당량
- 흰깨 … 적당량
- 검은깨 … 적당량
- 파프리카 가루 … 적당량

만드는 법

1. 고구마, 단호박, 자색고구마는 각각 껍질을 벗기고 얇게 썰어서 3분 정도 물에 담가둔다.
2. 각각 내열용기에 넣고 랩으로 싸서 600W 전자레인지에 5분 정도 가열한다(혹은 젓가락이 들어갈 정도로 삶든가 찐다).
3. 부드러워지면 각각을 따로 으깨어 2cm 정도의 경단을 만든다.
4. 파래김, 흰깨, 검정깨, 파프리카 가루를 각각 소량씩 작은 접시에 낸다. ①고구마 경단 그대로(흰색) ②고구마 경단+파래김(녹색) ③고구마 경단+흰깨(베이지) ④단호박 경단 그대로(노란색) ⑤단호박 경단+파프리카 가루(빨간색) ⑥자색고구마 경단 그대로 ⑦자색고구마 경단+검정깨(검정색)의 7가지 경단을 만들어서 그릇에 담는다.

가족과 함께 크리스마스 플레이트 식사!

몸을 따스하게 하는 로스트 플레이트

연말이 다가오는 크리스마스는 가족이 함께 모여 축하하고 싶은 날입니다.
스튜냄비에 완성된 반려견 용의 크리스마스 플레이트에는 병을 물리치는 식재료가 듬뿍!

재료

- 양고기…100g
- 감자…25g (약 1/6개)
- 순무…20g (약 1/4개)
- 브로콜리…15g (약 1줄기)
- 당근…10g (약 1cm)
- 양송이…10g (약 1개)
- 빨강&노랑 파프리카…각 8g (약 1/8개)
- 로즈마리…조금
- 시나몬…조금
- 아마인유…조금

※ 직경 12cm의 스튜냄비를 준비한다.

만드는 법

1. 양고기, 감자, 브로콜리, 당근, 순무, 양송이, 빨강&노랑 파프리카는 각각 적당한 크기로 자른다. 당근, 감자, 브로콜리는 소금물에 데친다.
2. 오븐을 230℃로 예열한다(오븐토스터 혹은 생선그릴을 사용하는 경우도 데우기 시작한다).
3. 스튜냄비를 불에 올리고 양고기를 굽는다(양고기에서 기름이 나오므로 기름은 두르지 않는다). 겉이 갈색으로 구워지면 불을 끈다.
4. 1의 채소를 전부 스튜냄비에 넣고 시나몬을 뿌린 다음 로즈마리를 올린다. 오븐에 넣어 230℃에서 8분 정도(오븐토스터인 경우 10분 정도, 생선그릴인 경우 8분 정도) 가열한다. 다 구워지면 식혀서 주기 직전에 아마인유를 아주 조금 둘러서 완성.

12月 December

Point

풍부한 식재료가 몸을 데운다

몸을 따뜻하게 해주는 양고기를 메인으로 녹황색채소를 듬뿍. 감자는 나트륨 배출, 브로콜리는 세포 재생, 당근은 암 예방, 순무는 항산화작용, 양송이는 점막 보호. 몸을 따뜻하게 하면서 면역력도 UP.

영양분을 응축
일상적인 간식: 말린 과일 & 육포

과일이나 고기를 말리기만 하면 되는 말린 과일과 육포는 간단하면서도 손쉽게 만들 수 있는 영양 만점 간식. 반려견의 포상으로, 주인의 안주로도 유용하니 꼭 만들어보세요!

◎말린 과일

만드는 법

1. 키위, 사과, 레몬, 토마토 등 비타민이 많은 과일이나 채소를 준비한다. 과일은 가능한 얇고 균등한 두께로 썬다.

2. 망이나 체 등 바람이 잘 통하는 것 위에 나열해서 볕이 잘 드는 장소에서 건조시킨다. 2~3일 말리면 완성.

◎육포

만드는 법

1. 닭고기 안심(혹은 닭 가슴살, 소고기도 OK)을 준비한다. 먼저 세로로 2개의 칼집을 낸다.

2. 랩으로 싸서 밀대 같은 것으로 평평하게 늘린다.

3. 냄비에 물을 끓이고 고기를 살짝 삶는다.

4. 요리용 넓은 접시에 쿠킹 포일을 깔고 그 위에 삶은 고기를 나열한 다음 오븐에 굽는다. 다 구워지면 바람이 잘 통하는 장소에 2~3일 건조시켜서 완성.

Daily

Point

영양가가 높고 헬시

시판용 간식은 첨가물이 신경 쓰이지만, 집에서라면 무첨가로 만들 수 있다. 성분이 응축되므로 식재료는 유기농으로 선택하자. 건강을 생각하면, 저온에서 건조시켜 효소가 남는 푸드 드라이어 사용을 권장한다.

Chapter 4 열두 달의 성찬 & 디저트

원 포인트 어드바이스②

우유와 레몬즙만으로 코티지치즈를 만들자

코티지치즈*라고 하면 세련된 레스토랑의 샐러드에 들어 있을 것 같은 이미지가 떠오르지만, 실은 우유와 레몬즙만으로 아주 간단하게 만들 수 있다는 사실을 아시나요? 코티지치즈는 고단백 저칼로리인데다 갖가지 효능도 가지고 있습니다. 뿐만 아니라 코티지치즈를 만드는 과정에서 생기는 유청은 암 케어 효과도 있다고 알려져 있답니다.

코티지치즈를 반려견의 밥에 넣어주는 것도 좋지만, 소금을 가미하면 사람용으로도 충분히 이용할 수 있습니다. 유청은 반려견의 밥에 부어주거나 그냥 마시게 해도 되고, 사람은 벌꿀과 섞어서 마셔도 좋습니다. 맛있고 건강에 좋은 식재료이니 꼭 활용해보세요!

재료
- 우유… 500ml
- 레몬즙…2큰술

※ 조리용 온도계, 차 거르는 망, 키친타월을 준비한다.

만드는 법

1. 냄비에 우유를 넣고 불에 올린 후 60℃가 될 때까지 가열한다.
2. 1에 레몬즙을 넣고 재빨리 섞은 후 5~10분 정도 그대로 둔다.
3. 코티지치즈가 떠오르면 차 거르는 망에 키친타월을 깔고 걸러서 코티지치즈와 유청으로 분리하면 완성. 냉장고에 넣으면 일주일 정도 보관할 수 있다.

*cottage cheese- 탈지분유로 만든 신맛이 강한 치즈

CHAPTER 5 개의 몸과 영양학

STUDY 1 개는 육식일까, 잡식일까?

최근의 연구로 알게 된 개와 늑대의 새로운 관계

개는 약 1만5천 년 전부터 인간과 함께 살기 시작했고, 개의 조상은 늑대라고 알려져 있죠. '개의 조상인 늑대가 육식동물이니까 개도 육식동물'이라고 하는 사람이 있습니다. 그러나 최근 유전자 연구에 의하면, 늑대는 개의 조상이 아니라 '개와 늑대의 조상'에서 개와 늑대로 동시에 분화되었다는 사실이 밝혀졌습니다.

또한 늑대와 개는 몸의 구조가 다르다는 사실도 알게 되었습니다. 예를 들면, 장내세균의 주요 거처지이며 초식동물에게 잘 발달되어 있는 맹장이 개에게는 있지만 늑대 등 육식동물에게는 없습니다. 또한 2013년에는, 탄수화물을 소화하는 효소 아밀라아제를 개는 늑대의 2~15배나 가지고 있다는 사실도 밝혀졌습니다.

그렇다면 개는 잡식이니까 인간과 똑같은 식생활을 해도 좋을까요? 당연한 말이지만 개와 인간 사이에도 차이가 있습니다. 개는 육식에 좀 더 가까워 동물성 단백질이 꼭 필요합니다. 또한 인간은 입 안에 아밀라아제가 있어서 탄수화물을 먹으면 입 안에서부터 소화가 시작되지만, 개는 췌장에서 만드는 소량의 아밀라아제뿐이라 인간만큼 탄수화물 소화능력이 없음을 짐작할 수 있습니다.

늑대와 개의 차이

늑대와 개는 맹장의 유무로 판별할 수 있다. 또한 체내의 소화효소 아밀라아제의 양이 다르다는 것도 알게 되었다.

개
맹장이 있다
▼
잡식?

늑대
맹장이 없다
▼
육식

사람과 개의 차이

인간은 탄수화물 중심의 생활에 맞는 몸으로 만들어져 있지만, 아밀라아제가 적은 개는 인간만큼의 탄수화물 소화 능력은 없다고 유추할 수 있다.

사람

입 안에 아밀라아제가 있다
▼
탄수화물을 소화하기 쉽다

개

췌장에 소량의 아밀라아제가 있다
▼
탄수화물을 소화시킬 수는 있지만 잘하지는 못한다?

POINT

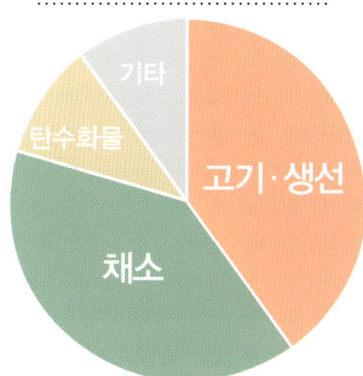

개에게 주는 식재료의 배율
- 고기·생선
- 채소
- 탄수화물
- 기타

개의 끼니는 단백질을 중심으로 하고 탄수화물은 적은 편이 좋다.

개는 인간보다 육식에 치우친 잡식이기 때문에 절대적이라고 표현해야 할 만큼 동물성 단백질이 꼭 필요하다. 탄수화물의 소화효소 아밀라아제의 양이 적어, 인간에 비하면 탄수화물의 소화능력이 현저히 떨어진다. 탄수화물 중심의 식사가 아니라 고기와 채소를 중심으로 한 레시피를 만드는 편이 좋다.

STUDY 2 드라이 푸드, 생식, 가열식의 차이

상황에 맞추어 선택할 수 있으면 베스트

개를 키우는 사람 중에는 '개는 도그 푸드만 주어야 한다'고 생각하는 사람이 있는 반면, '개에게 도그 푸드를 주면 안 된다'고 생각하는 사람도 있습니다. 그렇다면 우리 인간의 식사를 예로 들어볼까요? 매일 집에서 손수 만드는 집밥을 먹을 수 있다면 이상적이겠지만, 바쁠 때에는 외식도 하고 때로는 인스턴트 라면을 먹고 싶을 때도 있지 않나요?

개라고 다를까 싶습니다. '절대적'인 것을 정할 필요가 있을까요? 각각의 장단점이 있으니까요. 이 장점과 단점, 그리고 반려견에게 잘 맞는지 맞지 않는지를 파악한 다음 키우는 사람의 라이프 스타일이나 기분, 반려견의 건강 상태, 식욕의 유무 등에 따라 그때그때 선택하면 되는 겁니다.

반려견의 먹거리를 생각할 때 중요한 점은, 반려견의 몸 상태를 잘 관찰하는 것과 키우는 사람이 기분 좋게 반려견의 끼니를 챙기는 것입니다. 주인과 반려견 모두에게 쾌적하고 즐거운 식생활이 되도록 합시다.

개의 몸에 가장 자연스러운 형태
생식

약 1만5천 년 전, 인간과 살기 전까지 육식이었던 개의 몸에 가장 자연스러운 형태의 밥. 이 책에도 채소와 함께 생고기를 주는 레시피가 적지 않다.

장점
- 신선하고 안전한 식재료를 선택할 수 있다
- 소화흡수를 효율적으로 취할 수 있다
- 신선한 비타민과 미네랄을 섭취할 수 있다
- 효소를 그대로 섭취할 수 있다
- 변이 적고, 냄새도 적어진다

단점
- 다소의 조리시간이 필요하다
- 개에 따라 받아들이지 못하는 경우가 있다

냄비나 프라이팬으로 가볍게 조리
가열식

이 책에 소개되어 있는 레시피에는 가열식이 많다. 3개의 선택지 중 인간의 식사준비와 가장 유사하다. 다만 조리시간이 걸리므로 바쁠 때는 지속하기 어렵다.

장점
- 신선하고 안전한 식재료를 선택할 수 있다
- 병원체에 의한 감염 리스크가 준다
- 채소의 소화흡수가 좋아진다
- 반려견의 몸 상태에 맞는 조합이 가능하다
- 신선한 영양소를 섭취할 수 있다

단점
- 가열에 의해 영양소가 일부 파괴 유출된다
- 조리시간이 필요하다
- 약간의 지식이 필요하다

Cooked Food

바쁠 때나 비상시에 유용
드라이 푸드

현재 도그 푸드 이용자가 압도적으로 많다. 드라이 푸드 위에 토핑을 하는, 하이브리드 형태라는 선택지도 있다.

Dry Food

장점
- 평균적으로 최저한의 필요 영양소를 포함하고 있다
- 보존하기 좋다
- 챙기기 쉽다
- 밸런스를 맞추어 놓아서 안심할 수 있다
- 항상 같은 조건의 밥을 줄 수 있다

단점
- 기름이 산화하기 쉽다
- 유통 과정에서 소화효소와 영양소가 파괴될 가능성이 높다
- 사용 부위 등 원재료의 내용이 명확하지 않다
- 수분이 없으므로 수분과 함께 섭취할 필요가 있다

POINT

식사는 주인과 반려견의 상황에 따라 적절히 대처한다.

각각의 메리트와 디메리트가 있다. 필요한 영양을 섭취할 수 있다면 날에 따라 달라도 되고, 한 끼니 안에서 조합해도 된다. '꼭 이것!'과 같은 융통성 없는 편견은 주인과 반려견 모두에게 독이 될 뿐이다.

STUDY 3 밥이 대변, 소변이 되기까지

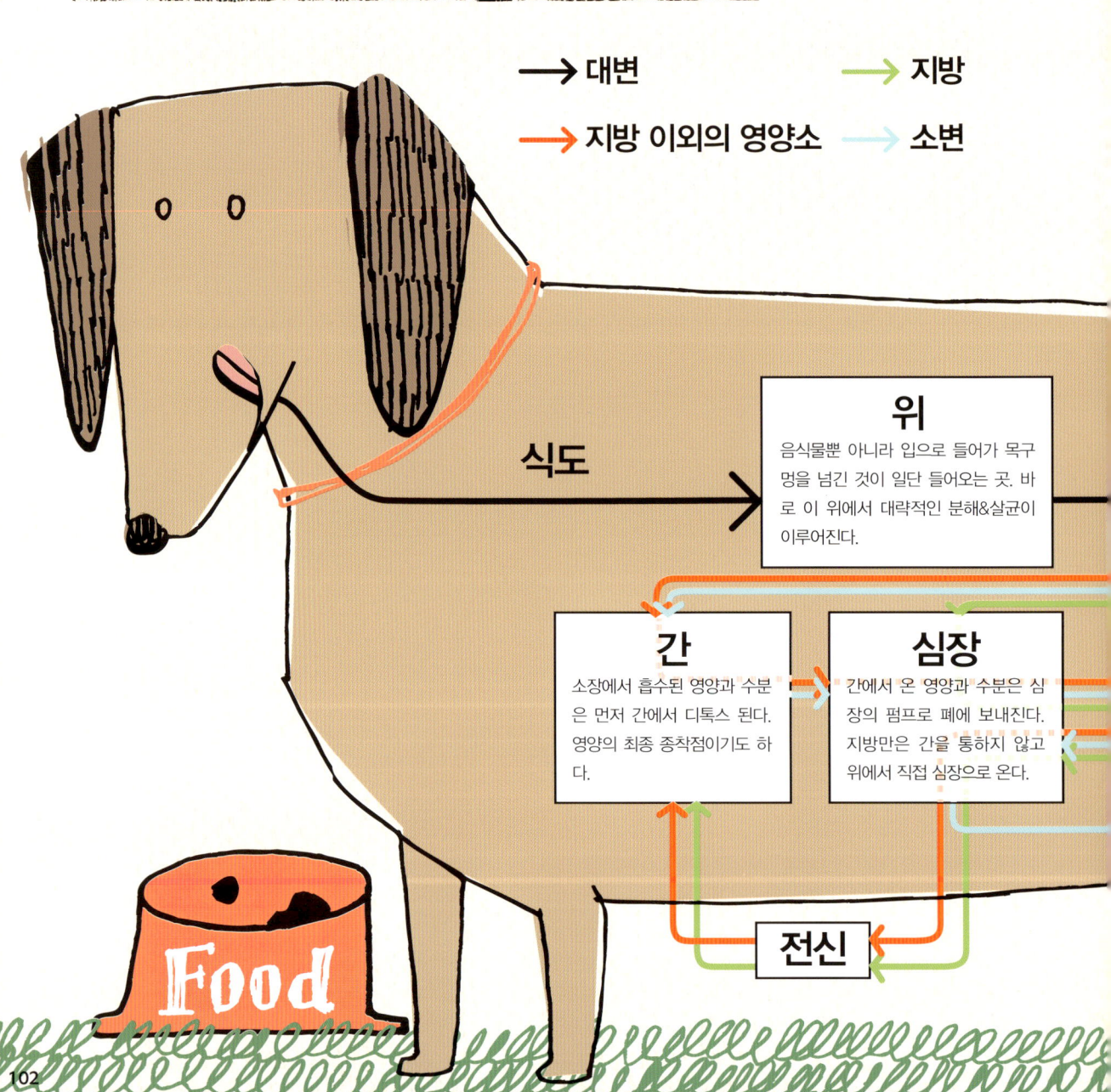

식사부터 배설까지 흐름을 원활하게
이 흐름이 예방의학으로 이어진다

먹은 음식물은 체내에서 음식과 영양분, 수분 등으로 나누어져, 최종적으로는 에너지가 되기도 하고 대변이나 소변으로 배출되기도 합니다. 음식물이 대변과 소변으로 나오기까지 일련의 흐름이 정체되지 않도록 하는 것, 그것이 예방의학으로 이어집니다. 바꾸어 말하면, 이 예방 혹은 치료는 약이 아닌 식사로만 가능하다는 뜻입니다. 평소의 밸런스 있는 식생활과 적절한 운동이 건강하고 병에 강한 몸으로 만들어주는 겁니다.

POINT
전신의 흐름을 원활히 하는 식생활과 운동이 중요!

소화흡수의 흐름을 알고 있으면, 갑자기 몸 상태가 나빠져도 원인을 유추하여 무엇을 개선해야 할지 알게 된다.

Chapter 5 개의 몸과 영양학 | 소화흡수의 흐름

소장
위에서 보내온 음식물을 더 잘게 분해하고 장벽에서 영양소를 흡수한다. 그 찌꺼기는 대장으로, 혈류에 실은 영양은 간으로, 지방은 심장으로 간다.

대장
남은 찌꺼기에서 수분을 흡수하고 식이섬유의 발효가 이루어진다. 이 찌꺼기는 직장을 통해 대변이 되어 나간다.

→ 대변

폐
폐에 온 영양과 수분은 효소를 만든 후 다시 심장으로 돌아간다. 영양은 심장의 펌프로 피를 통해 전신에 보내진다.

신장
심장에서 온 수분은 신장에서 여과되어 방광으로 가 소변으로 나간다.

방광
신장에서 여과되어온 소변을 일시적으로 담아두는 주머니 형태의 기관.

↓ 소변

STUDY 4 내장은 무슨 일을 할까?

장기간 섭취한 음식물이 고령견의 장기에 영향을

장기의 역할에 대해서는 예전에 학교에서 배웠을 테지만, 지금이야 그저 어슴푸레한 기억일 뿐일 겁니다. 하지만 각각의 장기의 역할을 제대로 파악하고 있으면, 갑작스레 반려견의 상태가 안 좋아졌을 때 그 원인을 유추하여 몸 상태에 맞는 식사로 케어할 수 있습니다.

특히 나이가 들면 나빠지기 쉬운 것이 간, 심장, 신장, 췌장. 간은 소장 내벽에서 흡수한 영양을 맨 처음 받는 곳으로, 섭취한 음식물의 영향을 가장 직접적으로 받는다고 알려져 있습니다. 또한 심장은 소장에서 직접 지방을 받아들이므로 식사에 포함된 기름의 질이나 양에 따라서는 커다란 부담이 될 수도 있습니다. 신장은 맨 마지막에 수분을 걸러서 소변을 만드는 곳으로 간이 해독하지 못하는 독소 등을 계속 받아들입니다. 지방분해효소를 함유한 췌액을 만드는 췌장 또한 장기간 섭취한 기름의 영향을 받을 수도 있습니다.

만약 반려견에게 이런 장기의 손상이 발견되거나 의심된다면 몸을 재정비하는 의미에서 식사의 내용을 살펴보는 것이 어떨까요?

위

음식을 3~6시간 쌓아둔다

음식물을 쌓아두고 소화의 제1단계를 실시하는 곳이 위다. 개의 경우, 위 통과시간은 물이 1시간 이내, 음식이 3~6시간. 혹시라도 먹으면 안 되는 과일을 먹었을 경우, 개복하지 않고 내시경으로 꺼낼 수 있는 시간은 삼킨 후 3~6시간까지다.

장

영양을 흡수하고 대변을 형성

장은 크게 소장과 대장으로 나뉜다. 소장은 음식을 소화하고 내벽에서 영양분을 흡수하는 역할, 대장은 수분을 흡수하고 남은 찌꺼기로 변을 형성하는 역할을 맡고 있다. 개의 장은 몸길이의 6배 정도 되는데, 음식이 통과하는 데는 12~30시간 정도 걸린다.

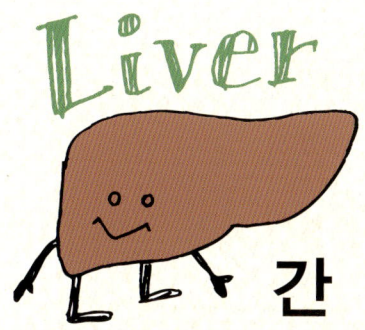

심장

혈액이 전신을 돌게 한다

노폐물을 포함한 혈액을 회수하여 폐에 보내고, 효소를 지닌 깨끗한 혈액을 전신에 보내는 일을 한다. 앞쪽에서 본 것처럼, 소장에서 흡수된 지방은 직접 심장에 보내지기 때문에, 심장질환이 있는 경우는 음식물에 포함된 기름이 영향을 줄 수도 있다.

영양을 제일 먼저 받고 혈액을 저축하는 중요한 장기

간의 역할은 크게 3가지이다. 담즙(소화액)을 만들고, 영양소를 축적하여 변화시키고, 독을 중화하는 것. 앞 장에서 본 것처럼 소장에서 흡수된 영양소는 먼저 간으로 오기 때문에, 간이 해독을 하지 못하면 독소가 각 장기에 영향을 주면서 전신을 돌게 된다.

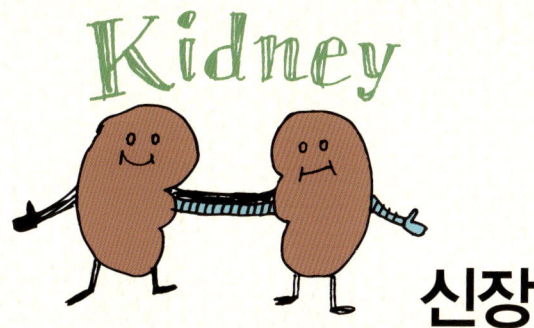

소변을 만드는 등의 역할을 담당한다

혈액에서 노폐물 등을 여과하여 소변을 만들고, 체내의 수분 밸런스를 조절하며, 혈압을 조절하는 등의 역할을 담당한다. 나이를 먹으면 상태가 나빠지기 쉽다. 신장과 함께 간도 케어함으로써 신장으로 돌아오는 독소를 줄이도록 하자.

혈액 중의 당분을 조절한다

췌액이라는 소화액을 만들고, 혈액 중 당분의 양을 조절하는 인슐린이라는 호르몬을 만드는 것이 주역할. 고지방 식사 등으로 췌장에게 과도한 부담을 주면 강력한 단백질 분해효소를 함유한 췌액이 췌장을 녹여버려 강렬한 복통을 동반하는 췌장염이 된다.

POINT

장기의 역할을 알면 식재료를 고르기 쉬워진다!

반려견의 건강 상태에 맞춘 끼니를 만들기 위해서는 내장의 구조를 먼저 이해하는 것이 중요하다. 내장의 역할과 활동을 숙지한 다음, 다시 한 번 Chapter2로 돌아가 생각해보자.

STUDY 5 대변으로 아는 개의 건강 상태

'정상'과 '비정상', 그 이상을 알 수 있는 대변의 구별법

주인이 매일 대면하고 주워 담는 반려견의 대변. 그저 건강한지 아닌지에 대한 것뿐 아니라, 대변에는 여러 정보가 숨어 있습니다. 일단 대변은 음식물에 따라 형태, 색, 냄새 등이 달라집니다. 고기를 많이 먹고 있으면 거무튀튀하고, 채소를 많이 먹고 있으면 갈색, 토마토를 먹으면 빨개지기도 합니다. 도그 푸드를 먹고 있으면 도그 푸드의 색이나 냄새가 나겠지요.
비정상적인 대변이라도 되기나 묽기, 색이 다양하므로, 그 상태에 따라 체내의 어디가 나쁜지 유추해볼 수 있습니다. 설령 평소와 다른 대변을 보았다 하더라도 하루 만에 원래대로 돌아와 건강과 식욕을 되찾는다면 큰 문제는 없습니다. 설사를 한 경우는 하루 절식하고 물을 충분히 먹입시다.
만약 평소와 다른 대변의 상태가 3~4일 계속되고, 몸의 상태도 나쁜 것 같다면 대변을 가지고 병원에 가보는 게 좋습니다. 대변을 가지고 갈 때에는 수분을 흡수하는 티슈 같은 것으로 싸지 말고, 비닐봉지나 알루미늄 포일로 싸서 대변 전부를 가지고 가도록 합시다.

다양한 대변의 상태

건강한 대변 중에도 여러 되기가 있다. 너무 딱딱한 것은 수분 부족, 너무 묽은 것은 장이 수분을 흡수하지 못하는 상태라고 유추할 수 있다.

딱딱 동글동글 ← 딱딱한 [정상] 묽은 → 중간 반죽 상태   진흙 모양   물똥

대변을 잘 관찰하면 몸의 어디가 나쁜지 알아챌 수 있다.

POINT

단지 정상인지 아닌지가 아니라, 색, 단단한 정도, 수분의 양, 무게 등 여러 관점으로 보면, 지금 반려견의 몸 상태가 어떠한지 유추할 수 있다.

대변의 색과 형태를 매일 체크하자

반려견의 대변에서 체크해야 할 것은 색과 형태. 묽기가 심해지고 형태가 없어질수록 몸의 안쪽에 문제가 있는 것이다.
변의 색에 따라 어느 부분에 이상이 있는지를 유추할 수 있다. 일반적으로 자주 볼 수 있는 설사는 2종류로,
대장계의 갈색 설사는 수분 흡수가 잘 되지 않아 생기므로 탈수에 주의해야 하고,
소장계의 황색 설사는 영양 흡수가 잘 되지 않아 생기므로 영양실조에 걸리거나 너무 마르지 않도록 살펴야 한다.

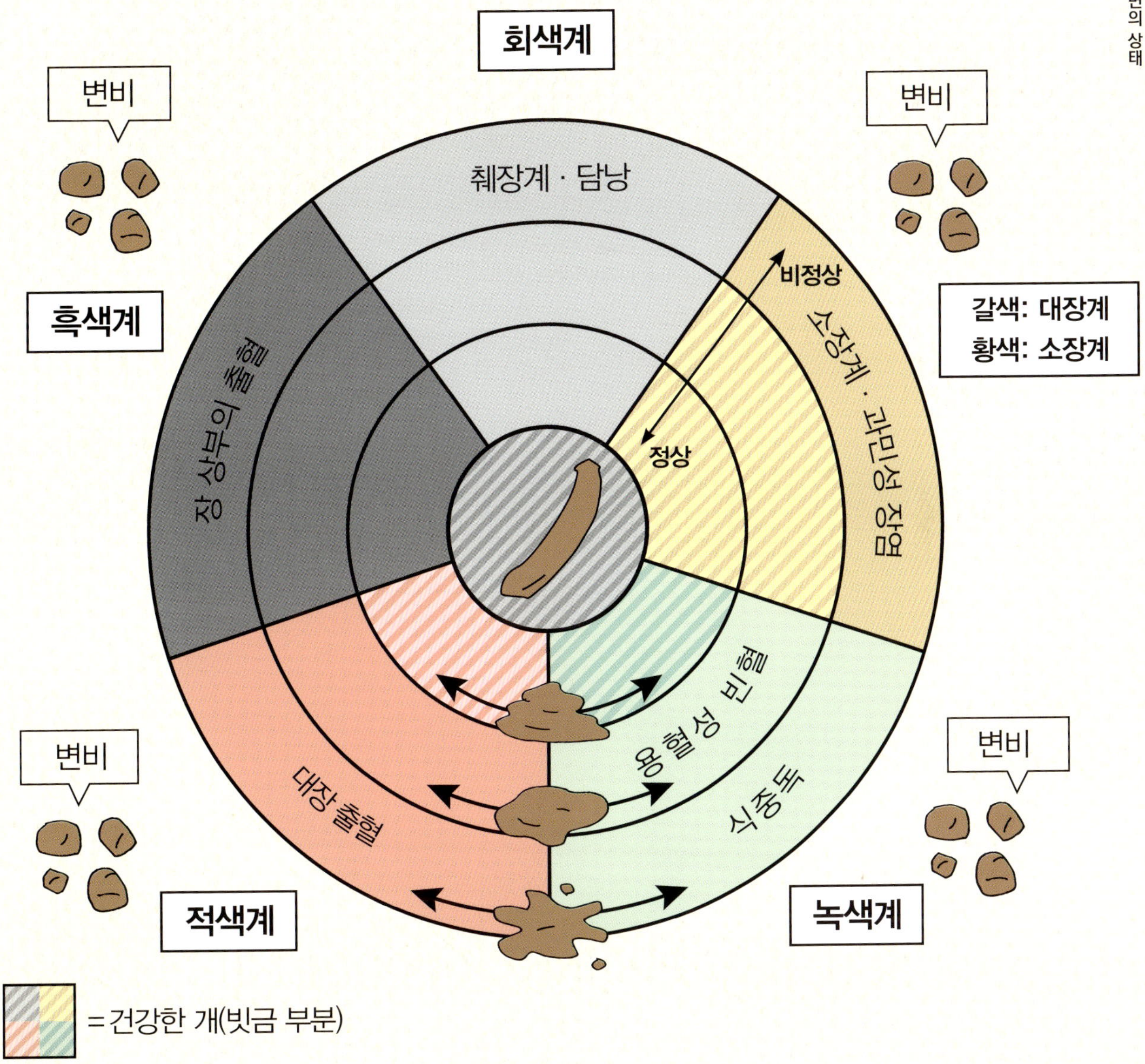

회색계 — 췌장계·담낭

흑색계 — 장 상부의 출혈

적색계 — 대장 출혈

녹색계 — 독소, 혈액 용혈

소장계·과민성 장염 (갈색: 대장계 / 황색: 소장계)

비정상 ↑ / 정상

변비 / 변비 / 변비 / 변비

= 건강한 개(빗금 부분)

STUDY 6 알아두면 좋은 5대 영양소의 역할

영양소와 그 역할을 알면 식재료를 고를 수 있다

단백질, 지질, 탄수화물, 비타민, 미네랄은 5대 영양소라고 불리며 동물이 살아가는 데 꼭 필요한 성분이라고 일컬어집니다. 그 역할은 인간이든 개든 크게 차이가 없지만, 필요로 하는 영양소의 배율이나 종류는 조금 다릅니다.
예를 들면 인간의 영양학에는 단백질, 지질, 탄수화물을 3대 영양소라고 하여 5대 영양소보다 더 중요한 것으로 취급합니다. 한편 98쪽에서도 밝힌 바 있듯이 개는 탄수화물을 소화시키는 능력이 부족하므로 많이 섭취할 필요가 없습니다. 또한

체내에서 만들어지지 않는 필수아미노산의 경우, 인간이 9종류인 것에 비해 개는 10종류(인간의 9종+아르기닌)라는 사실도 밝혀졌습니다.
5대 영양소 각각의 역할과 그 영양소를 많이 함유한 식재료를 알아두면, 반려견의 몸 상태가 나빠졌을 때 약을 먹이는 것 말고도 매일 먹는 밥을 조절함으로써 보살필 수 있습니다. 반려견에게 필요한 영양소와 식재료를 알아둡시다.

단백질

개의 몸 20%가 단백질로 되어 있다

피·뼈·근육·피부·털을 만드는 중요한 성분. 동물성(고기·생선·달걀·유제품)과 식물성(콩류·곡류)의 2종류가 있다. 체내에서 충분한 양을 만들지 못하는 필수아미노산은, 동물성 단백질에 풍부하게 함유되어 있다. 단백질 공급이 부족하면 제일 먼저 기능이 저하되는 것은 면역계. 피부 감염증에 걸릴 위험이 높아지고, 강아지는 만성 설사나 기생충에 감염될 위험이 높아진다.

《다량 함유된 식재료》
고기, 생선, 달걀, 치즈, 요구르트 등

2 지질

탄수화물이나 단백질의 2배 파워가 있다

주요 역할은 에너지. 체세포, 신경, 근육, 몸의 조직을 생성하고 활동시키는 역할을 하며, 염증을 없애거나 약화시키는 역할도 한다. 지용성 비타민(비타민 A·D·E·K 등)의 흡수를 도와주는 작용도 한다. 지질이 부족하면 피부가 건조하고 트러블의 원인이 된다. 또한 면역력을 저하시키고, 심장병이나 당뇨병 등의 질환과도 이어진다. 개에게 필요한 지질은 리놀산, α-리놀렌산, EPA, DHA. 단, 너무 많이 섭취하는 것에도 주의가 필요하다.

《다량 함유된 식재료》
등푸른생선, 마자유(삼씨기름), 참기름, 아마인유, 쌀기름, 포도씨유, 연어오일, 유채기름, 호두 등

3 탄수화물

뇌와 근육에 흡수되어 에너지원이 된다

인간의 경우에는 하루에 필요한 에너지양의 약 60%를 탄수화물에서 취하고 있다. 개의 경우도 탄수화물이 전혀 불필요한 것은 아니지만, 많이 섭취하면 밸런스가 무너져 췌장에 부담을 주게 된다. 먹이기 전에 소화하기 쉬운 상태로 가공하자. 강아지나 고령견의 경우에는 가능한 적은 편이 좋다. 성견 중에서도 특히 운동량이 많은 경우는 필요에 따라 가끔씩 충분히 먹여도 좋다.

《다량 함유된 식재료》
백미, 현미, 율무, 우동, 메밀, 감자류, 과일 등

4 비타민

개의 몸이 활동하기 위해서는 14종류의 비타민이 필요하다

몸의 기능을 유지하는 데 크게 관여하는 영양소. 수분에 녹는 수용성 비타민과 지방에 녹는 지용성 비타민이 있다. 수용성 비타민은 많이 섭취해도 과잉 분이 소변 등으로 배출되어 문제는 없지만, 그만큼 매일 보급해야 한다. 한편 지용성 비타민은 매일 먹일 필요가 없으며, 과잉 섭취하면 장에서 배출시키기 때문에 설사구토를 하는 일도 있다. (비타민 종류는 110쪽 참고)

5 미네랄

체내에서 만들 수 없는, 생명 유지에 불가결한 영양소

대사기능과 뼈 등의 형성에 필요한 무기화합물. 세포를 정상적으로 활동시키는 역할을 하므로 생명 유지에 없어서는 안 될 영양소다. 물이나 토양 등에 존재하며 동식물은 몸 안에서 만들어낼 수 없기 때문에 음식물로 섭취해야 한다. 단, 밸런스를 맞추어 섭취해야 한다. 과잉 섭취는 병을 일으키는 원인이 되므로 주의하자. (미네랄 종류는 111쪽 참고)

POINT

5대 영양소는 개에게도 필요하지만, 인간과 필요한 양의 밸런스가 다르다.

개에게 필요한 영양소의 양이나 배율을 인간과 같이 생각하지 말자. 몸의 특징과 반려견의 상태를 파악한 다음, 필요한 영양소를 함유한 식재료를 고를 필요가 있다.

비타민의 종류

개의 몸이 활동을 유지하기 위해서는 14종류의 비타민이 필요하지만, 엽산 외에는 체내에서 만들 수 있다고 알려져 있다.

	명칭	역할	다량 함유된 식재료
수용성 비타민	비타민B$_1$	탄수화물(당질)을 에너지로 바꾼다. 식욕을 증진시키고, 벼룩이 들러붙기 어렵게 만들며, 성장을 촉진시키는 작용도 한다. 부족하면 근육피로나 식욕부진 등 몸에 이상을 일으키기도 한다.	돼지고기, 잎새버섯, 김, 닭 간, 연어, 전갱이, 깨, 현미, 밀가루, 낫토, 토마토, 순무, 완두콩 등
	비타민B$_2$	항산화작용이 높다. 세포의 재생이나 성장을 돕고, 당질의 대사를 촉진시킨다. 백내장이나 결막염의 예방에도 효과적. 점막의 보호, 피부와 발톱을 건강하게 하고, 비듬을 방지하는 역할도 한다.	소·돼지의 간, 연어, 김, 달걀, 유제품, 파슬리, 파프리카가루, 녹황색채소 등
	비타민B$_3$	니아신으로 불린다. 혈액순환을 좋게 하고, 콜레스테롤 수치와 중성지방을 낮추는 역할도 있다. 탄수화물, 단백질, 지방을 소화하는 데 필요한 비타민. 소화기계와 신경계에도 영향을 미친다. 피부를 건강하게 유지하는 데도 도움이 된다.	버섯류, 대구, 가츠오부시, 김, 가다랑어, 참치, 전갱이, 고등어, 닭 가슴살, 생고기, 맥주효모, 현미 등
	비타민B$_5$	판토텐산으로 불린다. 수명을 늘리고, 면역기능을 높이며, 알레르기를 방지한다. 부신피질 호르몬의 움직임을 강화하므로 스트레스를 완화시키는 역할도 있다. 비타민C와 함께 섭취하는 것이 중요하다.	간, 닭고기, 버섯류, 유청, 모로헤이야, 콜리플라워, 낫토, 달걀 등
	비타민B$_6$	간에 지방 축적을 억제. 적혈구를 만드는 등 미네랄류의 활동에 필요. 위산의 분비를 활성화한다. 단백질의 대사를 돕고, 털과 이빨의 대사를 촉진. 신경 전달의 합성. 부족하면 알레르기 반응을 일으키기 쉬워진다.	마늘, 파슬리, 바나나, 생강가루, 등푸른생선, 닭 간, 순무, 모로헤이야, 깨, 낫토, 효모, 미정제 곡류 등
	비타민B$_{12}$	적혈구를 만들어내고 빈혈을 예방한다. 신경 기능의 유지, 엽산의 활동을 서포트한다.	재첩, 바지락, 가다랑어, 꽁치, 연어, 마른멸치, 김, 간 등
	비타민C	뼈와 관절 등의 조직 형성과 유지에 도움을 준다. 면역력을 높여줌과 동시에 암 예방에도 효과가 있다. 개는 체내에서 합성할 수 있으므로 필요 없다고도 하는데, 스트레스가 많은 현대의 환경에서는 부족한 듯 보인다. 항산화작용이 있고, 중금속에 의한 중독을 개선한다. 해독작용도 있다.	일상적인 채소에 대부분 포함되어 있다. 아세로라, 케일, 파슬리, 김, 피망류, 양배추, 브로콜리에 특히 많다.
	비타민H (비오틴)	갑상선·부신·신경조직·골수에 좋고, 번식력을 높이는 데도 도움이 된다. 지방, 단백질, 탄수화물의 대사에 필요하다. 피부의 대사에도 꼭 필요하다.	잎새버섯, 간, 콩팥, 달걀, 전갱이, 바지락, 장어, 낫토 등
	엽산	적혈구를 만들어내고, 빈혈을 방지한다. 세포의 정상적인 생성을 촉진한다. 아토피성 피부염에 대응하는 영양소로서도 주목받고 있다.	김, 파슬리, 간, 케일, 브로콜리, 풋콩, 시금치, 낫토, 파프리카, 감자, 콩 등
	콜린	지방간의 억제. 혈관 확장에 의한 혈압 저하.	달걀, 녹황색채소, 간, 콩, 효모 등
지용성 비타민	비타민A *동물성(레티놀)	피부와 점막의 강화. 면역 기능의 유지.	돼지고기, 간, 말고기, 은어, 아귀, 대구, 김 등
	비타민A *식물성(카로틴)	항산화작용에 의한 면역력 UP, 노화방지, 감염 방지. 시력을 높이는 데도 도움이 된다.	당근, 김, 청차조기, 소송채, 쑥갓, 단호박, 모로헤이야 등
	비타민D	칼슘, 인의 흡수를 촉진. 창자에서 칼슘 흡수를 높여 뼈와 이빨을 건강하게 만든다. 햇볕을 받으면 피부 내에서도 만들 수 있다.	버섯류, 해조류, 전갱이, 꽁치, 연어, 아귀, 장어, 목이버섯 등
	비타민E	산화&노화 방지. 근육의 재생을 촉진하여 치유력을 높인다. 감염을 억제. 순환기계의 병 예방.	은어, 송어, 낫토, 말고기, 사과, 순무 잎, 단호박, 호두, 된장, 콩가루, 해바라기유 등
	비타민K	혈액 응고에 필요하다. 뼈의 강화. 장내 세균에 의해 만들어지므로 결핍이 될 일은 거의 없지만, 항생물질의 장기투여에는 주의하자.	김, 미역, 케일, 파슬리, 바질, 모로헤이야, 완두순, 쑥갓, 낫토 등

미네랄의 종류

개의 건강에 특히 중요한 미네랄을 소개한다. 밸런스 좋게 섭취하고, 너무 많이 주지 않도록 주의하자.

명칭	역할	다량 함유된 식재료
칼슘	뼈에 침착하여 골격의 형성과 근육 수축을 서포트. 혈중 칼슘은 지혈과 근육의 수축 등 생명활동을 유지한다. 체액을 알카리성으로 유지한다.	작은 생선, 해조류, 치즈, 유제품 등
인	인은 칼슘과 함께 뼈와 이를 건강하게 만든다. 부족할 경우에는 피로를 느끼거나 반사신경이 저하된다.	생선, 콩, 고기 등
칼륨	나트륨과 함께 혈관 기능을 정상으로 유지한다. 또한 심장 기능과 근육 활동을 조정한다. 칼륨이 부족하면 발성부진, 탈수증상을 일으킨다. 축적해놓은 수분과 염분을 함께 배출한다.	해조류, 가츠오부시, 과일, 파슬리, 낫토, 감자 등
나트륨	염소와 나트륨의 화합물로 이른바 소금. 지구상의 대부분의 생물에게 필요불가결. 칼륨과 나트륨은 세트가 되어 체내에서 수분양을 조절한다. 단 과잉 섭취하면 몸은 농도를 일정하게 유지하기 위해 수분을 축적한다.	소금
마그네슘	인 · 칼슘과 함께 뼈를 형성한다. 세포가 에너지를 축적 · 소비할 때 필요한 성분이며, 체내의 갖가지 대사를 도와주는 역할도 한다.	다시마, 톳, 김, 콩 등
철	헤모글로빈의 구성성분으로 산소와 이산화탄소를 운반한다. 철분 부족의 대표적 증상인 빈혈이 되면 면역력 저하, 체중 감소 등이 일어난다.	바질, 타임, 김, 조개류, 간, 녹황색 채소 등
아연	아연은 효소를 활성화하고, 세포분열이 정상적으로 이루어지도록 한다. 감염 예방, 심장을 진정시키는 작용도 한다.	굴, 깨, 간(소·돼지), 잎새버섯, 마른멸치 등
요산	요소는 갑상선호르몬의 성분이 되어 대사에 영향을 미친다. 부족하면 대사를 컨트롤할 수 없게 된다.	해조류, 어류, 한천 등

기능성 성분

항산화와 항암, 면역 향상, 스트레스 완화 등에 간접적인 효과가 있다고 알려져 있는 성분 가운데 개에게 좋은 성분을 소개한다.

명칭	역할	다량 함유된 식재료
식이섬유	장의 운동을 활발히 하고, 체온의 상승을 꾀한다. 혈당치의 상승을 완화시킨다. 변비를 예방하고 여분의 지질과 당질의 흡수를 억제한다.	버섯류, 해조류, 뿌리채소, 셀러리, 양상추
안토시아닌	식물의 보라색 색소에 함유되어 있는 폴리페놀의 일종. 강력한 항산화작용이 있고, 간 기능 개선과 혈압의 안정, 눈의 건강 유지에 도움이 된다.	블루베리, 자색고구마, 차조기, 비트, 흑미, 검정콩, 가지
이소플라본	콩에 함유되어 있는 폴리페놀의 일종. 골량을 높이고 골밀도의 저하를 방지한다.	낫토, 두유, 두부, 비지, 콩가루, 된장, 콩
카로티노이드	녹황색채소에 대량 함유되어 있다. 빨강, 노랑, 오렌지 색소에 강력한 항산화작용이 있어서 암 예방에 효과가 있다고 알려져 있다.	당근, 토마토, 파프리카, 오렌지, 연어, 단호박, 수박, 감
루틴	폴리페놀의 일종. 모세혈관을 유연하게 하고, 혈류를 촉진하며, 동맥경화와 심장 질환 예방에 효과적. 비타민의 흡수를 돕는다.	아스파라거스, 팥, 토마토, 무화과, 그레이프푸르트
리코핀	가열에 강하고, 강력한 항산화작용과 활성산소의 제거력이 있고, 노화 방지에도 좋다.	토마토, 감, 수박, 핑크그레이프푸르트
β글루칸	버섯에 함유되어 있는 식이섬유의 일종. 당질과 지방의 흡수를 억제하고, 면역세포를 자극하여 면역력을 높이는 데 효과적. 암 예방 효과로도 주목받고 있다.	표고버섯, 새송이버섯, 나도팽나무버섯, 잎새버섯, 만가닥버섯 등 버섯류

수분 밸런스를 유지하려면?

수분을 섭취하는 것만이 아니라 대사를 정상화할 것

개도 인간도 몸의 약 80%는 수분으로 이루어져 있습니다. 특히 개의 경우, 내쉬는 숨과 발바닥의 육질 부분으로밖에 체온 조절을 할 수 없기 때문에 평소에 수분 밸런스를 유지하는 것이 중요합니다. 각 장기의 기능 유지를 위해서는 적절한 수분이 필수. 체내의 보습 상황이나 대사를 정상화하는 것이 건강을 유지하는 첫걸음이 됩니다.

수분 밸런스를 적절하게 유지하기 위해서는 단지 수분을 섭취하는 것만으로는 안 됩니다. 수분이 적절하게 흡수되어 순환하고 배출되지 않으면 수분 과다가 되거나 결핍이 되기 때문입니다. 수분 과다의 증상이 있는 경우에는 이뇨성이 높은 식재료를, 수분 결핍의 증상이 보일 경우에는 보습성이 높은 식재료를 수분과 함께 섭취하는 것이 중요합니다. 한쪽으로 치우치지 않도록 항상 밸런스를 유지합시다(하루에 섭취해야 할 수분 양의 기준은 121쪽 참조).

보습 상황을 정상화하기 위해서는 주거 환경의 습도·온도 관리를 가능한 맞춰주는 것도 중요합니다. 사계절은 온도와 습도 변화가 크기 때문에 열량지수를 일정하게 유지해줌으로써 몸에 스트레스가 적은 환경을 만들 수 있습니다.

개가 쾌적하다고 느끼는 열량지수를 유지한다

적절한 주거 환경을 유지하기 위해서는 온도와 습도를 따로 생각할 게 아니라 기준이 되는 열량지수를 생각하자. 예를 들면, 기온이 20℃라면 습도는 36% 이상 55% 이하로 유지하면 된다.

기온(℃)	×	습도(%)	=	열량지수
18~22℃		40~60%		720~1320이 적정

당신의 반려견은 어떤 타입인가요?

당신의 반려견은 수분 과다와 수분 결핍 중 어느 쪽에 가까울까?
타입에 맞는 쪽의 〈섭취하면 좋은 식재료〉를 참고하여 수분 밸런스를 조절하자.

수분 과다 타입
- ☐ 앞발과 뒷발이 붙어 있는 몸통 부분이나 목둘레가 물렁물렁하다
- ☐ 전체에 부종이 있다
- ☐ 신체 말단이 차다
- ☐ 냉병

or

수분 결핍 타입
- ☐ 항상 몸이 뜨겁다
- ☐ 운동 후도 아닌데 헐떡이고 있다
- ☐ 몸이 굳은 편
- ☐ 건조 증상, 혹은 림프샘이 기름지다

산책을 싫어한다, 의욕이 없다	성격	화를 잘 낸다, 흥분을 잘한다, 가만있지 않는다
좋고 싫음이 확실하다, 식욕부진	식욕	식욕왕성, 다음다뇨 혹은 소음소뇨, 변이 딱딱하다, 몸이 뜨겁다
위장염, 추간판헤르니아, 피부염(사마귀, 부종), 종양 등	쉽게 걸리는 병	자기면역질환, 갑상선질환, 피부염(지계), 관절염, 변형성관절증 등
구토설사가 빈번, 설사 시에는 점막변	소화 상태	변비 증상, 설사는 혈변
이뇨성이 높은 식재료. 팥, 검은콩, 물냉이, 동아, 배추, 돼지 간 등	섭취하면 좋은 식재료	보습성이 높은 식재료. 참마, 오크라, 미역귀, 칡, 한천 등

POINT

반려견의 체외와 체내, 양쪽의 수분 밸런스를 조절하는 것이 중요!

주거 환경의 기온과 습도의 밸런스를 유지함과 동시에, 체내의 수분을 너무 담아두거나 배출하지 않도록 보습 밸런스를 유지함으로써 각 장기의 움직임을 정상화할 수 있다.

STUDY 8 몸의 냉병을 예방하기 위해서는?

✏️ 몸이 차지 않는지 체크

온몸이 털로 덮여 있는 개의 특성상 체온이나 추위를 알아채기 힘듭니다.
아래와 같은 일이 없는지, 평소에 의식하고 체크해봅시다.

☐ **몸과 발끝, 발바닥이 차지 않은가?**

특히 자다 일어났을 때나 산책을 다녀온 후 귀나 발끝이 차갑지 않은지, 다른 부위와 온도 차이가 없는지를 체크. 평소부터 반려견의 몸을 만져서 평상시의 체온을 피부로 알아두면 판단하기 쉽다.

☐ **늘 떨고 있지 않은가?**

몸 전체가 찬 상태라면 몸을 부들부들 떠는 것으로 열을 내려고 한다.

☐ **잇몸의 색이 희거나 보랏빛을 띠지는 않는가?**

혈액순환이 좋지 않으면 잇몸의 색이 평상시보다 하얗거나 보랏빛을 띠는 경우가 있다(심한 병이 있을 경우에도 같은 증상이 나타난다). 평소에 반려견의 잇몸 색을 알아두자.

장, 뇌, 근육이 안정적으로 활동할 수 있게 하는 것이 중요

개에게도 냉병이 있습니다. 동물의 몸은 혈관을 확장시키거나 수축시킬 때 내장이 있는 몸의 중심부를 우선시하여 체온을 유지합니다. 기온이 낮을 때는 따뜻한 혈액이 몸의 중심부에 모이도록 사지의 모세혈관이 수축합니다. 그렇게 되면 혈액이 말단에 충분히 돌지 않게 되어 발바닥의 살이나 사지의 끝이 차가워집니다. 이 같은 현상은 겨울뿐 아니라 에어컨으로 차가워지는 여름에도 나타납니다.

여러 원인으로 혈액순환이 잘 되지 않는 경우에도 개의 몸은 차가워지기 쉽습니다. 특히 노년기에 접어들면 저항력과 생리 기능이 저하되기 때문에 환경과 기온 변화의 영향을 받기 쉽습니다. 반대로 몸이 차가워짐으로써 면역력이 저하되고 혈액순환도 저하되는 악순환으로 이어지기도 합니다.

냉병의 원인으로 생각할 수 있는 것은, 운동부족에 의한 근육량의 저하, 자율신경 밸런스의 혼란, 수분 과다, 비만, 부적절한 약의 상시 복용 등입니다. 몸을 데우는 먹거리로 보완해주면서 산책과 놀이 등의 자극을 통해 평소에 체온생성의 리듬을 향상시키는 것이 중요합니다.

체온 생성의 메커니즘

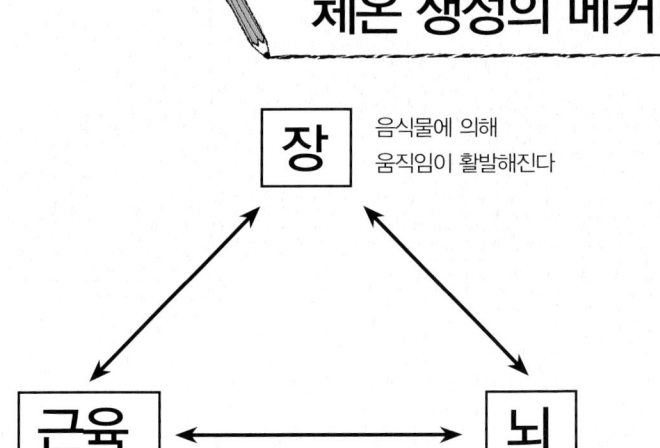

개의 면역이 정상일 때 체온은 38.5~39℃. 체온의 약 50%는 근육과 장에서 만들어진다. 근육을 발달시키기 위해서는 운동이 필수다. 운동에 의해 근육과 뇌가 활동하고, 장의 움직임도 좋아진다. '장을 건강하게 유지함으로써 뇌도 건강을 유지할 수 있다'는 말처럼, 장·뇌·근육의 세 부위가 밀접하게 연관되어 체온이 만들어진다.

POINT

몸이 차면 면역력과 대사가 낮아져 만병의 근원이 된다.

몸이 차가워지면 면역력이 저하됨과 동시에 체내 대사가 저하되어 혈액순환도 저하되고, 체온이 더 내려가는 악순환으로 이어지게 된다. 이는 식사만으로는 개선할 수 없다. 운동과 자극 등으로 근육, 뇌, 장의 세 부위를 같이 활성화시켜야 한다.

약선의 지혜, 몸을 따듯하게 or 차게 하는 식재료

환경과 몸 상태에 맞추어 식재료의 밸런스를 잡자

약선(藥膳)이란, 모든 식재료에는 효능이 있으니 각각이 지닌 약효로 증상이나 병을 개선하는 기본을 만들자는 생각입니다. 그중에서도 특히 중요한 것이 〈식재료의 성질〉입니다.

식재료의 성질이란, 그 먹거리가 몸에 어떤 작용을 하는가를 말합니다. 구체적으로는, 모든 식재료는 크게 세 가지로 나눌 수 있습니다. 몸을 식히는 작용을 하는 〈냉한성(음성)〉과, 몸을 데우는 작용을 하는 〈온열성(양성)〉, 그리고 데우지도 식히지도 않는 〈평성(간성)〉입니다. 그중에서 〈냉한성〉은 냉성과 한성의 두 가지로, 〈온열성〉은 온성과 열성의 두 가지로 나눌 수 있습니다. 체온을 정상으로 유지하기 위해, 또한 수분 밸런스를 정상화하기 위해 식재료를 이용하여 몸을 데우고 식히는 식재료의 성질을 파악하여, 한쪽으로 기울어지지 않도록 재료 전체의 밸런스를 잡는 것이 중요합니다. 계절과 환경, 반려견의 몸 상태를 생각하여, 온열성과 냉한성의 밸런스를 다소 바꾸어가면서 식재료를 골라봅시다.

 ## 식성으로 밸런스를 잡는 법

기본은 평성의 식재료를 중심으로 온열성과 냉한성의 식재료를 이용해 밸런스를 잡는다.
여름과 겨울, 또는 몸의 달아오름과 차가워짐 등이 신경 쓰이면 그 밸런스를 바꾸어 조절하자.

	온열성	평성	냉한성
기본 (봄&가을) =	2 :	6 :	2
여름 =	1 :	6 :	3
겨울 =	3 :	6 :	1

※전체를 10으로 생각했을 때의 배합 비율

자주 사용하는 식재료의 식성은 알아두세

몸을 데우는 식재료 · 식히는 식재료의 특징

한마디로 꼬집어 말할 수는 없지만, 몸을 데우는 식재료와
식히는 식재료에는 어딘가 성향이 있다.
또한 사람에 따라서도 분류 방법이 다소 다를 수 있다.

	온열성(몸을 데운다)	평성	냉한성(몸을 식힌다)
경향	북쪽에서 온 것 (연어 등)		남쪽에서 온 것 (바나나, 수박, 오이 등)
	딱딱한 것 (뿌리채소 등)	치즈 등	부드러운 것 (빵, 버터 등)
	따뜻한 색 계열 〈빨강, 오렌지, 검정 등〉 (살코기, 달걀, 팥 등)	노란색계열 〈노랑, 베이지〉 (현미, 감자류 등)	차가운 색 계열 〈하양, 녹색, 파랑 등〉 (우유, 두부, 녹색 잎 등)
	검정색 계열 (검은콩 등)		흰색 계열 (우동, 백설탕, 화학약품 등)
대표적 식재료	생강가루, 청차조기, 참깨, 울금, 마늘, 유채꽃 등	양배추, 토란, 쌀 등	가지, 무, 오이, 토마토, 셀러리, 시금치 등
효능	내장기능의 향상(활발화), 혈행 촉진, 기력 증강, 대사 향상, 체내 수분 밸런스 조절	일상적으로 먹고 있는 식재료의 70%가 평성. 평화로운 성질이며, 효능도 온화하다. 특별히 주의할 필요는 없다.	항염증작용, 혈액의 정화, 해독작용, 이뇨 촉진, 노폐물 · 병원체 제거

※온열성, 냉한성을 간단히 이미지화하기 위한 기준일 뿐 예외도 있다.

POINT

모든 먹거리에는 효능이 있고, 먹은 음식이 몸의 상태를 좌우한다.

계절과 환경, 반려견의 몸 상태에 맞는 식재료를 골라, 끼니 전체에 식재료의 밸런스를 잡음으로써 반려견의 건강 상태를 최상의 컨디션으로 유지할 수 있다.

반려견이 나에게 가르쳐준 것 3

나쟈의 생명이 위태로웠을 때 생각한 우리 집의 QOL

사람들과 마찬가지로 최근에는 반려견들도 오래 삽니다. 건강한 17세, 18세의 반려견들도 적지 않습니다. 물론 오래 산다고 다 좋은 건 아니지요. 개로 태어나 얼마나 개다운 일생을 마무리하는지가 중요하겠지요. 사실 개들은 자신이 좋아하는 곳에서 자유롭게 살아가지 못합니다. 어쩌면 주인과 함께 사는 개의 숙명입니다. 주인이 골라준 생활에 100% 만족과 신뢰와 감사의 마음을 보여주는 것이지요.

우리 집의 개와 고양이들은 내 인생의 일부이며, 모든 것을 내 선택에 맡깁니다. 어떠한 선택도 전부 받아들여줍니다. 나쟈가 13살 반쯤이었던 어느 날 아침, 호랑이 깔개처럼 넙죽 엎어져 쓰러져 있는 나쟈를 발견했습니다. 주치의가 쉬는 날이라 급한 대로 근처의 동물병원으로 달려갔지요. 오늘밤이 고비라며 며칠 못 갈 거란 청천벽력 같은 소리를 들었습니다. 그나마 가능성은 개복 수술이라는 소리도….

최근 QOL이라는 말을 자주 접합니다. 우선해야 할 일이 무엇일까. 얼마 안 되는 시간을 위해 생명을 연장해서 기쁜 것은 개 자신일까, 나일까. 조금만 더 옆에 있어주길 바라는 것은 나이지, 나쟈가 아니야. 고통을 주고 기운차리라고 응원하면서 그저 조금 수명을 연장해서 만족하는 것은 나쟈가 아니라 나. 그렇다면 붙잡을 것이 아니라 가고 싶을 때 편하게 가도록 보내야 하는 것이 아닐까… 라는 선택을 했습니다.

'언제든 가고 싶을 때 가도 돼.'란 말을 들으니 가고 싶은 생각이 없어졌는지, 그날로부터 벌써 3년이 지났습니다. 나쟈는 매일 천천히, 아주 천천히 산책을 합니다. 1시간에서 1시간 반 정도 나쟈의 몸 상태에 맞추어 걷습니다. 언젠가 근육이 다 빠지고 체온이 낮아지면 여기저기 아파오기도 할 겁니다.

하지만 오늘 뚜벅뚜벅 걷는 것은, 개로서 마지막까지 자력으로 생활하기 위해서입니다.

완화 케어는 해도, 통증을 동반하는 검사나 치료는 하지 않습니다. 식사 준비도 뚝딱, 필요최소한으로. 바쁘면 아침밥을 점심때가 지나서 주기도 합니다. 어슬렁거리며 불만스러운 듯해도 일단 기다려줍니다. 서로를 지배하지 않는, 그야말로 우리 집 '식'이지요. 어떻게 QOL을 향상시킬까… 라고 생각했지만, 우리 집 '식'이 바로 우리 집의 QOL. 이것으로 된 겁니다.

CHAPTER 6 선택할 수 있다 식재료 사전

FOOD 1 육류 · 달걀

가능한 신선한 것을 고릅시다. 날것으로 줄 때는 생식용으로 가공한 것, 혹은 -10℃ 이하에서 10일 전후 냉동한 다음에 줍시다. 젊고 건강한 개에게는 가끔 뼈째로 먹입시다. 소화 능력이 떨어지는 반려견이나 고령견에게는 소화가 잘 되도록 불에 완전히 익힌 다음 줍시다.

몸을 데운다 (온열성)

소고기

단백질, 지질, 아연, 철분, 코엔자임Q10

뒷다리살과 목심 부위는 지방이 적고, 비타민도 풍부하다. 안심은 고단백 저지방에 철분과 비타민도 풍부하여 권장 부위. 비타민C와 함께 섭취하면 철분의 흡수력이 높아진다.

닭고기

단백질, 지질, 아르기닌, 비타민A, 비타민B군

가슴살은 저지방에 니아신이 풍부, 안심은 고단백 저칼로리. 근력 만들기에는 최적이지만, 인이 많으므로 너무 많이 섭취하지 않도록 주의가 필요하다. 껍질과 날개에는 콜라겐과 글루코사민이 풍부하다. 철분과 아연은 적은 편.

사슴고기

단백질, DHA, 니아신, 비타민B2, 철분

고단백, 저지방, 저칼로리, 저콜레스테롤. 특히 철분이 풍부하여 빈혈과 고혈압 예방에 좋다. 또한 구리도 많아서 활성산소의 제거도 기대할 수 있다. 저알레르기로 미네랄과 아미노산의 밸런스가 좋은 고기.

간 & 심장 (소, 돼지, 닭 등)

비타민A, 비타민B군, 철분, 아연, 구리

지방이 적고 비타민과 미네랄이 풍부하다. 간은 간을, 심장(염통)은 심장을 서포트한다. 단 너무 많이 섭취하지 않도록 주의하자. 비타민A의 과잉섭취는 피부질환과 관절염, 식욕부진 등을 일으키므로 주 1회 정도가 좋다. 매일 조금씩 줄 경우에는 체중 1kg당 0.1%(1g) 정도로 제한하자. 부패하기 쉬우므로 무조건 신선한 것을 고르자.

양고기

단백질, 비타민A, 비타민B군, 카르니틴, 철분

몸을 데우는 데 가장 효율이 높은 고기. 체지방을 연소시켜주는 카르니틴도 풍부하다. 필수아미노산의 밸런스도 좋은 양질의 단백질이므로 튼튼한 몸을 만드는 데 추천한다.

돼지 신장 (콩팥)

비타민C, 비타민B군, 니아신, 철분, 코엔자임Q10

비타민과 미네랄이 풍부하고 저지방. 간보다도 비타민C를 많이 함유하고 있고, 항산화작용도 높으며, 피로회복과 스트레스 완화에도 뛰어난 단백질. 이뇨작용 효과도 높아 신장 서포트에 적합하지만 많이 섭취하지 않도록 주의해야 한다. 주 1회 정도가 좋다.

각 식재료에 기대되는 효과

- 심 심장 케어 … 혈액순환계의 기능을 조절한다. 대뇌의 역할인 정신면의 서포트, 심장기능을 서포트한다. 안정 수면 서포트.
- 신 신장 케어 … 체내 수분 밸런스를 조절한다. 뼈와 골수를 건강하게 한다. 방광 서포트(이뇨작용), 혈압의 컨트롤.
- 간 간장 케어 … 신진대사의 컨트롤, 영양분을 운반하고 노폐물을 회수한다(디톡스), 조혈기능과 혈액량의 조절기능, 자율신경의 서포트.
- 소 위장 케어 … 소화촉진(소장·대장), 위의 상태를 조절한다, 비장을 서포트, 혈액의 운행을 컨트롤한다, 전신의 근육과 혈관을 키운다.
- 폐 폐 케어 … 호흡기계의 기능을 조절한다. 피부·코·목·기관지를 컨트롤한다. 감염증 등을 막는 면역유지, 체액대사 기능유지, 체온조절 기능유지.
- 암 암 예방 … 항산화작용이 높다. 면역력을 서포트한다. 활성산소의 제거, 스트레스 완화.
- 혈 순환계 예방 … 콜레스테롤을 낮춘다. 고혈압의 예방, 혈행 촉진, 동맥경화의 예방, 혈당치의 억제.
- 피 피부 보호 … 피부 서포트, 털 케어.
- 운 근력 & 골력 UP … 칼슘의 흡수 UP, 근육의 수축·완화, 피로회복, 에너지 향상.
- 노 노화 방지 … 식욕증진, 산화방지, 노화 억제, 빈혈 예방, 골다공증 예방.

어느 쪽도 아니다 (평성)

돼지고기

단백질, 지질, 비타민B1,
비타민B2, 코엔자임Q10

넓적다리와 어깨 부위는 지방이 적고 비타민B1을 다량 함유하여 피로회복에 효과적이다. 단백질과 당질의 분해 촉진에도 좋다. 안심은 비타민B1은 물론, 철분과 비타민B2도 많아 빈혈 예방과 체력 강화에 탁월하다. 기생충 문제가 많으므로 반드시 불에 익혀서 주도록 하자.

달걀

필수아미노산, 비타민A, 비타민D,
비타민E, 인

아미노산 스코어 100. 노른자라면 날 것으로도 OK. 피부의 비타민=비오틴이 풍부하다. 달걀흰자는 반드시 불에 익힌다. 양질의 단백질원으로, 간 기능 서포트와 투병 후의 체력회복에도 효과적. 가열시간에 따라 소화 시간이 달라지는데, 위장 케어에는 반숙조리를 추천한다.

메추리알

필수아미노산, 비타민A, 비타민D,
비타민B12, 엽산

달걀보다도 콜레스테롤이 많다. 철과 구리도 다량 함유하고 있으므로 많이 섭취하지 않도록 주의하자. 달걀과 마찬가지로 흰자는 불에 익힌다.

몸을 식힌다 (냉한성)

말고기

단백질, 지질, 칼륨,
글리코겐, 철분

고단백질, 저지방, 저칼로리, 저콜레스테롤, 필수아미노산인 리놀산, α-리놀렌산과 오레인산도 밸런스 좋게 함유하고 있으며, 저알레르기. 소량이라도 필요한 단백질을 섭취할 수 있으므로 고령견에게도 추천한다.

1일 섭취해야 할 고기와 수분 양의 기준

반려견 몸무게	5kg	10kg	20kg	30kg
닭 가슴살 (껍질 제거)	100~120g	200~220g	330~350g	440~460g
돼지고기·양고기·소고기 (지방 제거)	120~140g	220~240g	360~380g	500~520g
말고기	130~150g	240~260g	390~410g	540~560g
사슴고기	120~130g	220~240g	340~360g	470~490g
어류	130~150g	230~250g	390~410g	540~560g
수분	350~400ml	700~900ml	1000~1200ml	1300~1500ml

※건강한 성견(피임·거세 완료) 기준임.
피임·거세를 하지 않은 경우에는 약 1.1배.

FOOD 2 어류

어류에는 동맥경화의 예방, 알레르기의 감소와 개선, 중성지방의 감소 등을 기대할 수 있는 EPA와, 혈액을 맑게 하고 혈중 지방농도 감소, 눈 망막의 활성화, 뇌의 활성화 등을 기대할 수 있는 DHA가 풍부하게 함유되어 주 2~3회는 섭취할 것을 권장합니다. 신선한 것은 날 것으로, 작은 생선이나 등푸른생선(대가리와 내장은 제거하는 것이 좋다)은 잘 익혀서 뼈째, 흰살생선은 딱딱한 뼈를 주의하고, 민물생선은 대가리와 내장도 함께 섭취하도록 합시다.

몸을 데운다 (온열성)

전갱이

셀렌, 니아신, 비타민B6, 비타민B12, 비타민D

1년 내내 유통되고 있지만, 제철은 초여름. 어류 중 유일하게 습기를 날리는 작용이 있다고 알려져 있다. 장마철에 특히 권장한다. 셀렌이 풍부하여 강력한 항산화작용도 있고, 면역력을 높이는 데도 효과가 크다.

참치

타우린, 비타민A, 비타민D, 비타민E, 철분

종류에 따라 제철이 다르지만, 냉동기술의 발전으로 거의 1년 내내 먹을 수 있다. 불필요한 곳이 없을 정도로 빈혈 예방의 철분, 혈행 개선의 비타민E, 콜레스테롤 대사 촉진의 타우린 등이 밸런스 좋게 풍부하게 함유되어 있다.

정어리

펩티드, 칼슘, 비타민D, 비타민E, 철분

가을에 살이 올라 맛있다고 일컬어진다. 칼슘과 철분이 풍부한 데다 그 성분의 흡수를 높여주는 비타민D도 함유하고 있으므로, 한 마리로 효율적인 섭취가 가능하며 뼈와 이빨을 강화할 수 있다. 뼈가 비교적 부드러우므로 뼈째 섭취하기를 권장한다.

연어

아스타크산틴, 니아신, 판토텐산, 비타민B1

제철은 가을. 아스타크산틴은 비타민C에 비해 6천 배나 강력한 항산화작용이 있고, 활성산소를 철저히 제거하여 암 예방 효과도 기대할 수 있다. 기름과 함께 섭취하면 흡수력이 높아진다.

고등어

타우린, 콜라겐, 비타민B12, 비타민B6, 코엔자임Q10

제철은 가을부터 겨울로, 특징은 풍부한 기름. 100g 중 약 8g 정도의 기름이 함유되어 있으며, 그중 5.6g은 불포화지방산. 게다가 그중의 1.5g이 DHA와 EPA! 쉽게 상하고, 기생충인 고래회충이 존재하므로 반드시 충분히 가열한 다음 주도록 하자.

심 심장 케어   신 신장 케어   간 간장 케어   소 위장 케어   폐 폐 케어
암 암 예방   혈 순환계 예방   피 피부 보호   운 근력 & 골력 UP   노 노화 방지

어느 쪽도 아니다 (평성)

가다랑어

간 신 소 혈 노 운 심

이노신산, 비타민B12, 니아신, 철분, 타우린

제철은 봄(봄 가다랑어)과 가을(돌아오는 가다랑어)의 2회. 비타민B12는 어류에서 가장 많은 함유량을 자랑하므로 빈혈예방과 조혈작용에 최적. 철분은 비타민C와 함께 섭취하면 흡수력이 높아지므로 채소나 레몬즙과 함께 먹이자. 또한 타우린이 풍부하므로 간 기능을 향상시켜 피로회복에도 효과적이다.

갈치

소 심 피 운 암 신

올레산, 비타민E, 비타민D, 인, 마그네슘

제철은 여름부터 가을에 걸쳐서. 맛은 담백하지만 단백질보다 지질이 많은 생선. 칼륨이 많아서 이뇨작용이 있고, 수분 밸런스를 유지한다. 또한 은색 껍질의 지방에 함유되어 있는 구아닌은 항암물질의 하나. 올레산도 풍부하여 동맥경화에 도움이 된다.

꽁치

소 혈 노 운 암

비타민B12, 비타민A, 니아신, 철분, 타우린

제철은 가을. 필수아미노산의 밸런스가 좋고, 양질의 단백질을 함유. 비타민B12는 골수의 조혈기능을 활성화하고 적혈구를 늘린다. 몸의 말단까지 산소를 날라주기 때문에 악성빈혈의 예방으로 이어진다. 기름은 산화되기 쉽고, 비타민C와 함께 섭취하면 산화를 방지할 수 있다.

은어

소 피 노 혈 신 운 간 심

비타민E, 비타민B6, 비타민A, 니아신, 인

제철은 초여름. '민물생선의 왕'이라 불리며, 비타민E의 함유량은 톱클래스. 특히 내장에 많은 영양소가 들어 있으므로 내장째 먹이자. 또한 장어에 필적하는 비타민A를 함유하고 있어 피부와 눈의 건강, 면역력의 서포트에도 뛰어나다.

대구

신 간 소 혈 운 노

글루타티온, 타우린, 비타민A, 비타민D, 요소

제철은 겨울. 지방이 적고 저칼로리에 섬유단백질이 많아서 가열해도 딱딱해지지 않고 소화도 잘 된다. 뼈는 꽤 딱딱하므로 제거한다. 항산화작용이 있는 글루타티온이 다량 함유되어 있고, 비타민A가 혈액을 맑게 해준다. 설사 등 위장 기능이 저하되어 있을 때 추천한다.

장어

신 간 소 혈 노 운 피

콜라겐, 아스파라긴산, 올레산, 비타민B군, 비타민A

양식은 복날에 맞춘 여름, 자연산은 겨울이 제철. 약선적으로는 '피를 보급하는' 자양강장이 있는 식재료로도 알려져 있다. 신장&간의 활동을 높이는 비타민A가 풍부하여 눈 건강에는 빠트릴 수 없다. 연간 1~2회는 자양강장의 의미로 먹이도록 하자.

FOOD 3 콩류 · 대두제품 · 유제품

몸을 데운다(온열성)

낫토

간 혈 피 소 운 노

단백질, 마그네슘, 사포닌,
칼슘, 비타민E

풍부한 영양이 응축되어 있는 슈퍼 푸드. 낫토 키나아제는 낫토에만 존재하는 단백질 분해효소로, 혈전의 예방과 혈액을 맑게 하는 효과가 있으며, 이외에도 고혈압예방과 정장작용, 면역력을 향상시키는 역할도 한다. 저녁에 먹이는 편이 혈전예방에 도움이 된다.

된장
간 폐 혈 암 노 소

식이섬유, 비타민E, 비타민B2,
칼슘, 칼륨

만능조미료인 된장. 필수아미노산을 다량 함유하고 있어 건강유지에는 빠트릴 수 없는 효과가 엄청나다. 모든 끼니를 집밥만 먹인다면 빠지기 쉬운 염분도 이것으로 보충.

호두

심 신 폐 혈 암 찌 노

비타민E, 비타민B1,
칼륨, 망간, 지질

필수지방산을 섭취할 수 있는 저당질의 너트. 항산화작용이 높고, 노화방지에도 효과적. 약 70%가 지질.

염소젖

심 신 피

칼슘, 칼륨, 비타민B2,
인, 판토텐산

모유에 가까운 성분으로, 우유에 비해 영양가가 높다. 지방구가 작아서 소화흡수가 잘되고, 다량의 영양소를 흡수할 수 있다. 성장기나 산후에도 좋다.

울금(가을 우콘)

심 간 폐 혈 암

식이섬유, 쿠르쿠민, 칼슘,
마그네슘, 철분

장내의 콜레스테롤을 흡착하여 배출하고, 쿠르쿠민이 활성산소를 제거해준다. 또한 담즙의 분비를 활발하게 하여 간 기능 UP. 그 밖에 항염증, 항산화, 심장혈관 증강의 역할도 한다.

팥

소 심 신 노 혈

식이섬유, 사포닌, 비타민B1,
비타민B2, 칼륨

그대로 푸드에 뿌려 섭취할 수 있는 팥가루를 권장한다. 팥을 삶아 으깨 페이스트 상태로 만들어도 좋다. 신장 서포트에 필수.

콩

소 암 노 혈 피 신 심

단백질, 식이섬유, 칼륨,
비타민E, 비타민B1

필수아미노산이 밸런스 좋게 함유되어 있다. 콩의 사포닌은 혈중지방과 콜레스테롤의 산화를 억제하고 암 예방에도 좋다.

깨

소 간 신 암 노 혈

비타민B1, 비타민B6, 칼슘,
마그네슘, 구리

개에게도 필요한 불포화지방산(리놀산이나 올레산)을 다량 함유. 검은깨는 특히 안토시아닌이 풍부하다.

콩과 대두제품의 식물성 단백질이나 유제품은, 고기나 생선과 같이 메인 식재료는 안 되고, 간단 토핑으로 활용되는 것이 대부분입니다. 그 역할을 알아둡시다.

심 심장 케어   신 신장 케어   간 간장 케어   소 위장 케어   폐 폐 케어
암 암 예방   혈 순환계 예방   피 피부 보호   운 근력 & 골력 UP   노 노화 방지

어느 쪽도 아니다 (평성)

콩가루
소 암 노 혈 피 심
단백질, 식이섬유, 칼륨, 비타민E, 구리

볶은 콩을 간 것. 날콩보다도 소화흡수가 뛰어나다. 콩과 마찬가지로 항산화작용, 정장작용, 암 예방 등을 기대할 수 있다. 밥이나 푸드에 뿌려주거나 요구르트나 코티지치즈에 뿌려주어 간식으로도 섭취할 수 있다.

요구르트
소 암 피
칼슘, 비타민B2, 판토텐산, 요소

우유를 발효시킨 것. 유산균의 종류에 따라 효능에 차이는 있지만, 공통된 효능은 정장작용. 아침에 일어나 위액이나 담즙을 토해내는 반려견에게는 자기 전에 요구르트를 조금 먹이면 좋다.

코티지치즈
간 소 피 혈 암
나트륨, 칼슘, 비타민B2, 비타민B12, 판토텐산

고단백, 저칼로리. 게다가 많은 효능이 기대된다. 눈의 건강, 피부의 건강, 동맥경화의 예방, 뇌신경의 서포트, 빈혈 예방, 암 예방, 뼈의 강화 등. 가정에서 간단히 만들 수 있으므로 꼭 시도해보자(96쪽 참조).

두유
소 심 신 노 혈
엽산, 철분, 칼륨, 구리, 비오틴

더위 먹었을 때 추천한다. 물을 타서 음료수로, 혹은 밥에 소량 넣는다. 조정되지 않은 것으로 고른다. 많이 섭취하면 신장에 부담을 주므로 주의하자. 조금씩 주면서 상태를 확인하자.

몸을 식힌다 (냉한성)

두부
소 간 혈 피 노 신
칼슘, 마그네슘, 인, 비타민K, 비타민B1

필수아미노산은 찌개용보다 부침용이 풍부하고, 비타민류는 부침용보다 찌개용이 풍부하다. 렉틴이 장벽에 부착하여 설사를 유발하는 일도 있으므로 반드시 가열하여 조금씩 준다. 단 스트루바이트 결석의 반려견에게는 좋지 않다.

비지
소 심 신 노 혈
식이섬유, 마그네슘, 칼슘, 비타민K, 칼륨

우엉의 2배나 풍부한 식이섬유는 장의 활동을 촉진한다. 체중을 줄이고 싶은 반려견에게 권장한다. 반드시 가열하여 주며, 건조시켜 볶아 냉동보존도 할 수 있다. 단 지방과 칼로리가 닭 안심보다 높고, 간이나 담낭에 부담이 커지므로 많이 섭취하지 않도록 주의한다. 소형견이라면 하루에 1작은술 정도. 단 수산칼슘 결석이나 스트루바이트 결석의 반려견에게는 NG.

FOOD 4 조개류 · 해조류

어느 쪽도 아니다 (평성)

굴

글리코겐, 글루타민산, 타우린, 구리, 아연

제철은 겨울부터 봄. '바다의 밀크'라고 불리는 영양가 높은 식품. 아연이 풍부하여 전 식품 중 톱의 함유량. 아연에는 항산화작용, 면역 향상, 대사 UP, 뇌 기능 UP 등 많은 효과가 있다. 비타민C와 함께 섭취하면 흡수력이 높아진다. 글리코겐은 간 기능을 서포트, 타우린은 스태미나 증강, 콜레스테롤 상승을 억제한다. 빈혈예방의 비타민 B12도 풍부하다. 빈번하게 줄 필요는 없으나, 겨울부터 봄의 제철에는 몇 차례 이용해보자. 소형견인 경우 한 끼에 1개 정도.

김

비타민B12, 셀린, 칼슘, 엽산, 식이섬유

제철은 11~2월. 카로틴은 당근의 3배, 철분은 시금치의 30배를 함유하여 '바다의 채소'라고 불린다. 식이섬유는 우엉의 7배. 김의 식이섬유는 채소에 비해 부드럽고 위장에 부담을 주지 않으며 소화 흡수가 잘 된다. 당질의 대사를 서포트, 세포의 신진대사 촉진, 피부와 점막의 건강유지, 뇌신경의 서포트 같은 효과도 기대할 수 있다. 김의 다당류에는 심근 수축을 증강하는 효과도 있다. 파래김을 상비하여 매일 조금씩 뿌려주면 쉽게 섭취할 수 있다.

가리비

타우린, 아연, 비타민B12, 비타민B2, 글루타민산

제철은 1월. 풍부한 타우린으로 뇌를 활성화하고, 콜레스테롤을 억제, 간 기능 향상. 저지방으로 양질의 단백질원이기도 하다. 근육이나 피부를 건강하게 유지하는 효과가 있는 아연과, 빈혈예방의 비타민B12, 쾌면효과가 있어 특히 봄의 디톡스 시기에는 꼭 섭취했으면 하는 식재료. 비타민B12는 가열하면 파괴되기 쉬우므로 가능하면 날것으로. 소형견인 경우 한 끼에 1개 정도.

굴이나 가리비 등의 조개류는 일상적으로 먹는 식재료는 아니지만, 겨울부터 봄에 걸쳐서는 굴을, 초봄의 디톡스 시기에는 가리비를 이용하여 아연 보급을 해줍시다. 냉한성의 해조류는 혈액 정화에 효과적입니다. 간단 토핑으로 꼭 활용해봅시다!

심 심장 케어 신 신장 케어 간 간장 케어 소 위장 케어 폐 폐 케어
암 암 예방 혈 순환계 예방 피 피부 보호 운 근력 & 골력 UP 노 노화 방지

몸을 식힌다 (냉한성)

미역
신 철 암 간 노 운

비타민A, 알긴산, 푸코산틴,
비타민K, 칼륨

제철은 3~5월. 한의학에서는 체내의 나쁜 열을 내리고, 체액을 늘리며, 변비를 해소해주는 식재료로 일컬어진다. 갑상선종이나 림프종을 없애는 효과가 있다고도 알려져 있다. 미역에 함유된 산성의 다당류는 암 속에서도 육종을 억제하는 것이 확인되었다. 식이섬유도 풍부하다. 단 갑상선질환이 있는 반려견은 피한다.

톳
신 간 철 노 운 소 피 심

식이섬유, 철분, 칼슘,
마그네슘, 칼륨

제철은 3~4월. 지금까지 철분이 풍부하게 함유되어 있는 식품으로 알려졌으나, 스테인리스 냄비에 끓이면 철 냄비에 끓인 경우의 10분의 1 정도가 된다는 사실이 밝혀졌다. 식이섬유와 미네랄은 아주 풍부하므로, 건강 장수를 위해 주 1회는 섭취하도록 하자. 소형견인 경우 주 3회 이하, 1일 10g 이하로.

다시마
신 소 심 혈 노 피 운 간

후코이단, 아미노산,
칼슘, 요소, 칼륨

제철은 7~8월. 미네랄과 식이섬유가 풍부하여 체내의 결석이나 림프종 등을 완화시켜준다고 알려져 있다. 칼륨이 몸의 수분 밸런스를 조절하고, 글루타민산은 뇌를 활성화하여 스트레스 완화에도 좋다. 끈적끈적한 성분의 알긴산은 장내의 선옥균을 늘리고, 혈당치의 상승을 막는 효과도 기대할 수 있다.

한천
간 폐 암 소 혈 신 심

식이섬유, 판토텐산, 망간,
칼슘, 마그네슘

높은 보습력으로 천천히 위벽의 수분을 유지시킨다. 물을 별로 마시지 않는 반려견이나 설사가 계속된 후에 몸이 건조한 반려견에게는 한천 간식으로 수분을 보급해주자. 칼로리가 제로인데다, 위 속에서 흡수한 수분을 수십 배로 부풀려 만복감을 지속시키므로 비만증의 반려견에게도 좋다.

미역귀
간 신 노 소 피 심 운

비타민A, 비타민K, 식이섬유, 알긴산, 후코이단

제철은 4~6월. 점액은 식이섬유의 일종인 후코이단. 면역 활성작용, 점막보호, 당질의 흡수완화로 체중의 증가와 당뇨병 예방, 고혈압 예방 등의 효능을 지녔다고 알려져 있다. 갑상선질환이 있는 경우에는 피한다.

FOOD 5 몸을 데우는(온열성) 채소

여름

단호박
소 암 철 피 노

비타민A, 비타민C, 비타민E, 칼륨, 식이섬유

막 수확한 것보다 숙성한 것이 카로틴이 풍부하다. 기름에 볶으면 흡수력이 높아지므로 한 번 볶은 다음 삶으면 좋다.

바질
소 간 노 혈 암

비타민A, 비타민K, 칼륨, 철분, 칼슘

향이 좋은 허브식품. 성분에는 릴랙스 효과와 마음을 안정시키는 효과가 높다. 풍부한 미네랄과 비타민을 함유하고 있다. 날것은 다져서, 분말은 한 꼬집을 토핑으로 이용하자.

청차조기
폐 소 암 혈 피 노

비타민A, 비타민C, 비타민B1, 비타민E, 칼슘

영양의 보고. 아연과 철 등 미네랄도 다량 함유하고 있으므로 줄 때는 소량으로, 1회에 소형견의 경우 1/3장, 대형견은 1장까지. 차조기는 안토시안의 항산화작용이 높아 항암작용이 뛰어나다.

생강가루
소 폐 암 노 혈

생강오일, 비타민B4, 칼륨, 망간, 식이섬유

건조한 생강만이 몸을 데우는 작용을 한다. 건조시켜 분말로 만든 것을 귀이개 1술 정도 뿌려준다. 몸이 차가워지는 계절이나 에어컨으로 인한 냉병의 계절은 소량을 상용해도 좋다.

몸을 데우는 온열성 채소는 그리 많지 않고, 봄 채소에는 아예 없습니다. 몸이 따뜻해지면 내장의 활동이 활발해지고, 혈관도 따뜻해져서 흐름도 좋아집니다. 냉병과 여름의 에어컨에 의한 냉병 해소, 수분 밸런스를 조절해주는 것도 온열성의 식재료입니다.

🔴 심 심장 케어 🔵 신 신장 케어 🟢 간 간장 케어 🟠 소 위장 케어 🩷 폐 폐 케어
🟣 암 암 예방 🔴 혈 순환계 예방 🟡 피 피부 보호 🟤 운 근력 & 골격 UP ⚫ 노 노화 방지

가을

밤
소 신 혈 노 암

비타민B1, 비타민B6, 비타민C, 칼륨, 식이섬유

토양에도 함유되어 있는 망간이 다량 함유되어 있으므로 흙을 먹으려고 하는 반려견에게 권장한다. 또한 빈혈의 예방과 뼈의 강화에도 좋다. 탄수화물도 풍부하여 고칼로리. 속껍질도 같이 섭취토록 한다.

시나몬
폐 심 소 간 혈 노

비타민B1, 비타민B2, 니아신, 칼륨, 칼슘

모세혈관의 노화방지, 혈당치의 조정, 부종 해소, 정장작용, 스트레스 완화 등 많은 효능이 있는 것으로 알려져 있다. 분말상태를 한 달에 몇 차례씩, 소형견인 경우 티스푼 1/3술 정도를 밥에 토핑 해주자.

겨울

순무
폐 소 혈 노 심 신 암 간

비타민C, 판토텐산, 엽산, 칼륨, 식이섬유

영양가가 높은 잎도 버리지 말고 소금물에 데쳐 가츠오부시와 함께 섭취하면 좋다. 뿌리에 정장 작용이 있고, 암 예방에도 효과가 있다고 알려져 있다.

1년 내내

파슬리
소 간 폐 노 암 혈 운 심

비타민A, 비타민C, 비타민E, 칼륨, 칼슘

압도적으로 영양가가 높은 식재료. 모종을 사다 부엌에 올려두면 좋다. 한 꼬집을 다져서 넣는다.

타임
폐 소 피

비타민B2, 칼륨, 칼슘, 마그네슘, 철분

뛰어난 항균작용을 지니고, 기관지를 깨끗하게 해준다. 건조시킨 것은 미네랄도 풍부하다. 생잎은 분말로 만들어 고기나 생선 요리에 넣는다.

FOOD 6 평성 채소

몸을 데우지도 식히지도 않는 평성의 채소. 효능이 온건하여 지속적으로 먹어도 별다른 문제를 일으키지 않는다고 알려져 있습니다. 우리가 접하는 대부분의 채소가 평성으로 분류됩니다. 평성 채소를 중심으로 제철의 식재료를 더함으로써 몸 상태를 건강하게 유지할 수 있습니다.

봄

양배추

비타민C, 비타민K, 엽산, 식이섬유, 캐비진(비타민U)

항암효과가 높은 채소. 위의 점막보호에 뛰어나다. 날것으로 먹일 경우에는 잘게 다진다. 삶을 경우에는 삶은 물도 함께 준다.

케일

비타민K, 비타민C, 비타민A, 칼륨, 칼슘

양배추의 원종. 비타민C가 풍부하므로 날것으로 먹일 경우에는 블렌더를 이용해 페이스트 상태로, 데칠 경우에는 데친 물도 함께 줄 것을 권장한다.

완두콩

비타민B1, 비타민A, 식이섬유, 레시틴, β카로틴

식이섬유가 풍부하다. 푹 삶아서 삶은 물까지 준다.

소송채

비타민C, 비타민A, 칼슘, 철, 칼륨

칼슘이 풍부하다. 버섯류와 함께 섭취하면 칼슘 흡수율이 더 높아진다. 살짝 데쳐서 데친 물도 함께 준다.

당근

비타민A, 비타민B6, 비타민C, β카로틴, 엽산

껍질 바로 밑에 β카로틴이 다량 함유되어 있다. 껍질째 갈아서 신선하게 일상적인 토핑으로 이용해보길 권장한다.

풋콩

비타민C, 비타민B1, 엽산, 식이섬유, 칼륨

콜레스테롤 수치를 내리는 레시틴도 풍부하다. 푹 삶아 부드럽게 만들어서 준다.

오크라

무틴, 비타민E, 비타민A, 엽산, 식이섬유

살짝 데치고 잘게 다져서 끈적끈적하게 만들어서 준다. 마나 나도팽나무버섯 등 끈적거리는 채소와 조합하면 위와 장의 점막보호 능력을 높일 수 있다.

심 심장 케어 신 신장 케어 간 간장 케어 소 위장 케어 폐 폐 케어
암 암 예방 혈 순환계 예방 피 피부 보호 운 근력 & 골력 UP 노 노화 방지

여름

감자
소 혈 암 노 피 간 신 심
비타민C, 비타민K, 비타민B6, 니아신, 칼륨

'밭의 사과'라고 불릴 정도로 비타민C가 풍부하다. 전분질에 덮여 있으므로 가열해도 비타민C가 크게 손실되지 않는다. 충분히 익혀서 준다.

누에콩
소 혈 노
비타민C, 비타민B1, 비타민B6, 인, 칼륨

아직 익지 않은 누에콩에는 비타민C가 많고, 잘 익은 누에콩에는 비타민B1과 B6가 많다. 두꺼운 껍질에 덮여 있으므로 가열해도 비타민C의 파괴가 적다. 껍질째 잘게 다져서 준다.

꼬투리강낭콩
소 혈 암
비타민B2, 비타민A, 엽산, 식이섬유, 칼륨

더위 먹었을 때 효과적인 아스파라긴산이 풍부하다. 살짝 볶은 다음 삶으면 β카로틴의 흡수가 높아진다.

피망
간 심 소 신 혈 피 노 암 운
식이섬유, 비타민C, 비타민E, 비타민A, 칼륨

혈액을 맑게 하는 효과가 크다. 더위에 지친 몸을 회복하는 데도 좋다. 잘게 다져서 뜨거운 물에 살짝 담갔다 준다. 소화능력이 떨어지는 아이에게는 충분히 익혀서 주자.

옥수수
소 신 혈
단백질, 식이섬유, 비타민B2, 비타민B1, 칼륨

식이섬유가 풍부하고 장을 활발하게 한다. 그대로 소화되지 않고 변으로 나오는 경우가 많으므로 페이스트 상태로 만들어줄 것을 권장한다. 옥수수수염은 이뇨효과가 아주 좋다.

파프리카
간 암 혈 피 노 신 심
비타민C, 비타민A, 칼륨

중성지방이 많은 반려견에게 추천. 비타민E를 다량 함유하고 있어 호두나 식물오일 등의 기름과 함께 섭취하면 항산화작용이 높아진다.

6 평성 채소

가을

고구마
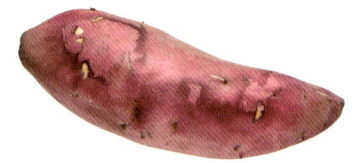

탄수화물, 비타민C, 비타민E, 식이섬유, 칼륨

비타민의 보고. 장 속의 수분을 흡수해 부풀기 때문에 만복감이 생기므로 다이어트 중의 간식으로 최적. 많이 먹으면 칼로리가 많아지므로 주의하자.

토란

갈락탄, 무틴, 칼륨, 식이섬유, 비타민B1

감자나 고구마에 비해 저칼로리. 끈적끈적한 성분에 많은 효과가 있으며, 점막 보호에 뛰어나다. 위염이나 장염의 회복, 엉뚱한 것을 삼켰을 때의 배출에도 도움이 된다.

참마

단백질, 무틴, 칼륨, 식이섬유, 비타민B1

스태미나 증강에 최적. 효소 활동은 40℃에서 멈추기 때문에 뜨거운 국물에는 넣지 말자. 밥 위에 생으로 갈아 넣어준다.

1년 내내

알팔파(자주개자리)

비타민B1, 비타민E, 비타민K, 엽산, 식이섬유

새순은 식물의 성장과정에서 가장 에너지가 넘치고, 성숙한 채소보다 훨씬 많은 영양소를 함유하고 있다. 특히 암 예방에 높은 효과가 기대되고 있다. 비타민E는 숙주의 20배. 잘게 다져서 생으로 주자. 소화기능이 약한 아이라면 살짝 데치는 게 좋다.

심 심장 케어　신 신장 케어　간 간장 케어　소 위장 케어　폐 폐 케어
암 암 예방　혈 순환계 예방　피 피부 보호　운 근력 & 골력 UP　노 노화 방지

겨울

콜리플라워
소 신 암 노 간 운 심 혈

비타민C, 비타민B2, 식이섬유, 칼륨, 판토텐산

양배추의 2배, 귤 2개분의 비타민C를 함유하고 있다. 줄기 부분에 많은 영양소가 함유되어 있으므로 줄기도 함께 준다. 삶기보다는 찜통에서 찌든가 랩으로 싸서 전자레인지에 가열하는 편이 풍부한 비타민C의 파괴를 막을 수 있다.

배추
소 암 신 혈 노 간

비타민K, 비타민B1, 비타민C, 엽산, 칼륨

유채과의 배추는 암 예방에 뛰어나고, 95%가 수분이므로 이뇨효과도 크다. 반드시 익혀서 주어야 하는데, 삶으면 영양소가 유출되므로 삶은 국물도 함께 주자.

브로콜리
간 소 신 암 노 심 혈 피 운

비타민C, 비타민E, 비타민B2, 식이섬유, 엽산

비타민C가 특히 많고 암 예방 효과가 높은 아브라나과. 칼슘과 철도 풍부한 멀티 채소. 줄기 부분에도 단맛 성분이 많고, 비타민류도 풍부하므로 줄기도 함께 준다. 가열하면 비타민C가 유출되긴 하지만 다량 함유되어 있으므로 신경 쓰지 않아도 된다.

연근
심 소 암 혈 노

비타민C, 식이섬유, 칼륨, 판토텐산, 무틴

소화가 잘되고, 무틴이 점막을 보호해준다. 특히 기관지 점막을 보호해주므로 기침을 자주 하는 반려견에게 추천한다. 껍질과 마디에는 탄닌이 함유되어 있어 암 억제에도 효과적이므로 함께 섭취하도록 한다. 가열시간은 짧게, 생으로 갈아주는 것을 권장한다.

쑥갓
간 폐 혈 노 신

비타민A, 비타민B2, 비타민E, 칼륨, 칼슘

비타민C는 적지만, 시금치나 소송채 이상의 β카로틴을 함유하고 있으며, 우유 이상의 칼슘도 함유하고 있다. 또한 잎채소치고는 옥살산이 적은 편이므로 소금물로 데칠 필요가 없다. 일반적으로 개는 쓴맛을 좋아하지 않으므로 단맛이 나는 고구마 등과 함께 주는 것이 좋다.

FOOD 7 몸을 차게 하는 (냉한성) 채소

봄	여름

봄

아스파라거스
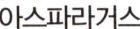 
비타민K, 비타민A, 비타민B2, 엽산, 칼륨

아스파라긴산은 피로회복과 스태미나 강화, 이뇨를 촉진하는 역할을 한다. 특히 이삭 끝 부위는 영양가가 높다. 가열시간은 짧게!

물냉이

비타민K, 비타민C, 비타민A, 칼륨, 칼슘

줄기에도 영양이 풍부하므로 줄기째 준다. 섭취하기 힘든 철의 흡수를 촉진한다. 가능한 가열 시간을 짧게 하고 데친 다음에 다진다.

우엉

식이섬유, 마그네슘, 엽산, 칼륨, 칼슘

수용성 식이섬유를 다량 함유하여 혈당치의 상승을 억제하고, 콜레스테롤을 체외로 배출해주는 역할을 한다. 갈아서 가열할 것을 권장한다.

여름

동아

비타민C, 비타민K, 칼륨, 엽산, 사포닌

여름 더위 회복에 좋다. 몸을 식혀서 부종을 해소한다. 사포닌은 항암작용을 기대할 수 있다. 꼭지와 씨에도 비타민C가 듬뿍 함유되어 있으므로 버리지 말고 충분히 가열하여 국물째 준다.

양상추

엽산, 식이섬유, 비타민K, 비타민E, 칼륨

일상적으로 먹는 흔한 채소로 비타민을 보급하자. 잘게 다져서 그대로 스프에 넣어도 좋다.

여주

식이섬유, 비타민C, 비타민K, 칼륨

비타민C와 칼륨이 풍부한 채소로 여름의 보물. 가열은 재빠르게! 배탈이 잘 나지 않는 아이에게는 날것으로 주자.

가지

나스닌, 비타민K, 엽산, 칼륨, 식이섬유

껍질에 함유되어 있는 나스닌은 강력한 항산화작용이 있으며, 항암과 노화방지가 기대된다. 떫은맛에도 높은 항산화작용이 있다. 잘게 잘라 끓여서 국물째 준다.

주키니(돼지호박)

비타민K, 비타민C, 비타민E, 엽산, 칼륨

기름과 궁합이 좋으므로 일단 볶은 다음 끓이면 흡수율이 높아진다. 잘게 다져서 주자.

모로헤이야

무틴, 비타민A, 비타민C, 비타민E, 칼륨

'왕만을 위한 채소'라고 불린다. 상당량의 β카로틴, 비타민B군, 비타민C, 미네랄 등이 다량 함유되어 있어 영양가가 높다.

몸을 차게 하는 냉한성 채소는 이뇨를 촉진하고 노폐물을 제거하는 효과가 뛰어나며, 혈액 정화에도 영향을 미칩니다. 더운 여름, 특히 습도가 높은 장마철에는 적극적으로 섭취하도록 합시다.

심 심장 케어 신 신장 케어 간 간장 케어 소 위장 케어 폐 폐 케어
암 암 예방 혈 순환계 예방 피 피부 보호 운 근력 & 골력 UP 노 노화 방지

가을

겨울

토마토
소 신 피 혈 노 심 암 간 운
리코펜, 비타민B1, 비타민C, 비타민E, 칼륨

의사가 필요 없다고 일컬어지는 채소. 드물게 씨 부분에 반응하여 설사를 하는 아이도 있으므로 배탈이 잘 나는 아이에게 줄 때는 씨를 빼낸다. 살짝 익혀서 주자.

청파야

소 폐 혈 노 암 심
파파인, 비타민C, 비타민A, 칼륨, 식이섬유

단백질, 지질, 당질의 분해효소가 많고, 소화를 서포트해준다. 장의 청소부이기도 하고, 면역력UP에도 공헌. 단 라텍스 알레르기가 있는 반려견은 알레르기 반응을 일으킬 가능성이 있으므로 피하자.

시금치
소 폐 혈 노 암 심 신 피
β카로틴, 비타민B2, 비타민C, 비타민A, 칼륨

철 함유량이 특히 많아 빈혈방지에 효과적. 녹색 잎의 클로로필(엽록소)은 혈액의 독소를 제거하는 역할도 한다. 수산을 다량 함유하고 있으므로 소금물에 데친 다음 물에 씻어서 주도록 하자. 단 수산칼슘 결석이 있는 아이에게는 NG.

1년 내내

숙주
소 심 신 혈 간
비타민C, 비타민E, 철분, 엽산, 식이섬유

이뇨를 촉진하는 먹거리. 가격이 싸서 부담이 없고, 어떤 음식에도 첨가하기 좋다. 잘게 잘라서 살짝 익힌다.

셀러리
간 폐 신 혈 암 소 운
식이섬유, 칼륨, 비타민B1, 비타민C, 캐비진

플라보노이드 계통의 물질이 풍부해 불안정한 정신이나 안절부절 못하는 상태를 억제하고 이뇨효과도 높다. 잎은 혈액을 맑게 하는 작용을 기대할 수 있다. 잘게 다져서 충분히 익혀 주자.

오이
소 신 암 혈
비타민K, 비타민C, 구리, 마그네슘, 칼륨

90% 이상이 수분인 오이는 우수한 이뇨작용으로 신장을 서포트, 껍질의 쿠쿠르비타신에는 종양을 파괴하는 인자가 함유되어 있다. 갈아서 생으로 주자.

아보카도
소 간 암 혈 피
비타민E, 비타민B1, 비타민B2, 칼륨, 식이섬유

올레산 등 불포화지방산을 많이 함유하여 동맥경화 예방에 뛰어나다. 껍질과 씨는 완전히 제거할 것. 페르신(살균성분)은 체질에 따라 중독 반응을 일으킬 수도 있다. 적은 양부터 신중하게 주도록 하자.

무
소 폐 노 암
식이섬유, 엽산, 비타민C, 판토텐산, 칼륨

위장 활동을 조절해주는 소화효소가 많아서 '자연의 소화제'로 불린다. 뿌리 끝 쪽이 효소가 강하다. 다소 영양은 유출되지만, 갈아서 가열하는 것을 권장한다.

135

FOOD 8 과일

건강한 반려견의 간식으로도 활용되는 과일. 몸을 식히는 냉한 성에 분류되는 것이 많고, 디톡스 효과를 기대할 수 있습니다. 온열성의 과일은 없습니다. 제철 과일로 계절을 즐겨보세요.

어느 쪽도 아니다 (평성)

블루베리

안토시아닌, 비타민E, 칼륨, 식이섬유

눈의 건강유지에 빼놓을 수 없는 안토시아닌이 듬뿍. 비타민E는 지질과 함께 섭취함으로써 흡수율이 높아지므로 요구르트나 코티지치즈와 함께 주자.

레몬

비타민C, 구연산, 플라보노이드, 칼륨, 엽산

피로회복과 병 예방에는 빼놓을 수 없다. 풍부한 비타민은 혈관을 튼튼하게 하고, 세포의 콜라겐 생성을 촉진한다. 또한 철분의 흡수율을 높이는 역할도 한다.

귤
비타민A, 비타민B1, 비타민C, 칼륨, 엽산

풍부한 비타민C와 하얀 껍질 부분에는 비타민P를 다량 함유하고 있어 모세혈관의 강화와 동맥경화 예방에 효과적. 암 예방에 유효한 리모넨도 듬뿍. 겉껍질만 벗겨서 손쉽게 줄 수 있는 간식으로 좋다.

파인애플

비타민B1, 비타민C, 비타민B6, 칼륨, 식이섬유

단백질을 분해하는 브로멜린이 풍부하므로 육류와 함께 섭취하면 소화를 도와준다. 구연산도 풍부해서 피로물질의 유산을 제거한다. 격한 운동이나 외출 후에 주면 좋다.

크랜베리
비타민C, 칼륨, 칼슘, 식이섬유, 나트륨

프로안토시아니딘이라는 성분이 방광점막에 세균이 부착하는 것을 막는다. 방광염을 자주 앓는 반려견이나 스트루바이트 결석의 반려견에게 권장한다. 날것으로 먹일 때는 페이스트나 주스 형태로 주자. 시판용 크랜베리 주스는 당분이 들어가지 않은 것으로 구입하자. 단 수산칼슘 결석의 반려견에게는 절대 주면 안 된다.

사과

사과산, 구연산, 비타민K, 비타민E, 식이섬유

서양에서는 장의 약으로도 사용되고 있다. 가열하면 영양가가 쑥 올라가므로 삶거나 구워서 이용해 보자. 껍질에는 펙틴이 많아서 점막 보호와 노폐물을 배출해준다.

심 심장 케어   신 신장 케어   간 간장 케어   소 위장 케어   폐 폐 케어
암 암 예방   혈 순환계 예방   피 피부 보호   운 근력 & 골력 UP   노 노화 방지

몸을 식힌다 (냉한성)

배
폐 소 혈

아스파라긴산, 니아신, 칼륨, 식이섬유

변비 개선과 정장작용에 뛰어나다. 단백질을 분해하는 효소가 많으므로 육류에 갈아 넣어주면 좋다. 가을 문턱, 장이 민감하게 반응하는 계절에. 간식으로도 좋다.

딸기
간 소 혈 노

식이섬유, 비타민C, 엽산, 판토텐산, 칼륨

봄의 간식으로 최적인 딸기. 생으로 주어서 감염증 예방과 면역력을 높이는 비타민C를 보급하자. 만성질환 예방에도 좋다.

바나나
폐 소 혈

비타민B6, 비타민C, 엽산, 칼륨, 식이섬유

숙성된 것일수록 소화가 잘되고, 항산화작용도 UP. 전분도 함유하고 있어서 에너지원으로서의 지속력도 있다. 변비예방의 올리고당도 많다. 손쉽게 줄 수 있어 좋지만, 당류가 많으므로 너무 많이 섭취하지 않도록 주의하자.

복숭아
간 소 피 노 암

식이섬유, 비타민C, 비타민E, 니아신, 칼륨

체내 흡수가 빨라 효율 좋은 에너지원이 된다. 혈압의 안정과 활성효소의 억제력이 높다. 씨를 삼키지 않도록 주의한다.

키위
소 피 노 암

식이섬유, 비타민C, 비타민E, 비타민B6, 칼륨

1년 내내 만날 수 있지만, 실은 겨울이 제철. 구연산과 사과산을 듬뿍 함유하고 있으므로 노화방지와 암 예방을 기대할 수 있다. 피로회복에도 효과적. 여름날 아침 산책 후의 간식으로도 최적.

수박
심 신 소 혈

비타민C, 비타민A, 리코펜, 판토펜산, 칼륨

칼륨과 수분이 풍부한 수박은 더운 여름의 열사병 대책에 최적. 이뇨작용이 높아 여분의 수분을 배출해준다. 수박의 흰 부분에는 혈관을 젊게 해주는 시트룰린이라는 성분이 풍부하므로 함께 주자.

FOOD 9 버섯류

영양가가 높은 버섯은 반려견의 끼니에도 꼭 넣고 싶은 식재료. 날것보다는 건조시켜 냉동한 것이 영양가가 쑥 올라가므로, 나도팽나무버섯 외에는 맑은 날 말린 다음 냉동 보존할 것을 권장합니다. 블렌더를 이용해 분말로 만들면 더 쉽게 사용할 수 있고, 소화흡수도 더 잘 됩니다.

몸을 데운다 (온열성) | 어느 쪽도 아니다 (평성) | 몸을 식힌다 (냉한성)

몸을 데운다 (온열성)

양송이

판토텐산, 칼륨, 구리, 식이섬유, 비타민B5

비타민B5가 풍부하여 피부와 점막 보호 효과가 있고, 구내염이나 피부의 염증, 설사에 의한 장의 염증을 억제해준다. 소취작용도 높으므로 구취나 변취의 억제 효과도 크다. 판토텐산은 열에 약하므로 날것을 잘게 다지든지, 살짝 데쳐서 잘게 자른다.

잎새버섯
비타민B1, 비타민B2, 비타민D, 칼륨, 니아신

강력한 항암작용이 있다. 잎새버섯의 β글루칸은 MD-클랙슨으로 불리며, 면역 기능을 활성화한다. 면역력을 조절하고 더 높여서 종양의 증식을 막고 암 전이를 억제하는 효과를 인정받았다. 암과 싸우고 있는 반려견은 물론 암 예방에도 좋다. 매일 조금씩 주자.

어느 쪽도 아니다 (평성)

새송이버섯

비타민D, 비타민B2, 식이섬유, 칼륨, 니아신

저칼로리에 영양이 풍부하므로 다이어트가 필요한 반려견에게 권장한다. 식이섬유로 장의 청소와 디톡스를.

표고버섯

니아신, 비타민D, 비타민B1, 비타민B2, 식이섬유

미네랄과 식이섬유가 풍부. 항암제에도 사용되는 렌티난과 항바이러스물질의 β글루칸, 노화 방지의 글루타민산 등 약효가 많다.

팽이버섯

니아신, 판토텐산, 비타민B1, 비타민B2, 칼륨

비타민이 풍부한 버섯. 에너지 대사를 서포트하고, 뇌의 활성화에도 효과적. 심 기능의 서포트에도 효과가 높다.

나도팽나무버섯

무틴, 니아신, 판토텐산, 칼륨, 식이섬유

끈적끈적한 무틴은 위와 간의 점막을 보호하고, 혈당치의 상승을 억제하며, 눈 보호에도 도움이 된다. 소화가 잘되는 편은 아니므로 잘게 다져 주자.

몸을 식힌다 (냉한성)

만가닥버섯

비타민B2, 비타민B6, 비타민D, 식이섬유, 칼륨

아미노산을 밸런스 좋게 함유하여 단백질의 흡수 촉진과 탄수화물(당질)의 대사를 촉진하고, 조직의 회복과 성장을 돕는다. 면역력을 높여주고 암 예방에도 효과적인 렉틴도 풍부하다. 잘게 자른 다음 삶아서 국물째 준다.

FOOD 10 탄수화물

평소에는 딱히 줄 필요가 없는 탄수화물이지만, 운동량이 많은 성견의 경우는 고기나 생선을 빼고 탄수화물 주는 날을 정해두는 것도 좋습니다. 슈퍼 푸드라고 불리는 것도 많답니다.

(심) 심장 케어 (신) 신장 케어 (간) 간장 케어 (위) 위장 케어 (폐) 폐 케어
(암) 암 예방 (혈) 순환계 예방 (피) 피부 보호 (운) 근력 & 골력 UP (노) 노화 방지

어느 쪽도 아니다 (평성)

현미
(간) (신) (소) (혈)
탄수화물, 단백질, 비타민B1, 마그네슘, 인

현미는 쌀보다 영양가가 높아서 '완전영양식'이라고도 불린다. 해독작용이 높고, 콜레스테롤의 억제와 배출 작용을 하며, 신진대사를 높인다. 소화가 잘되지 않으므로 오래 끓여서 죽으로 만들어 주자.

수수
(폐) (심) (피)
탄수화물, 단백질, 니아신, 비타민B6, 철분

식이섬유와 미네랄, 비타민이 풍부. 혈행 촉진으로 심장 케어에 좋다. 지질과 당질을 연소해서 다이어트에도 좋다. 선옥 콜레스테롤을 늘리고, 신진대사가 활발해진다. 수수 양의 1.5배 정도 물을 넣고 전자레인지에서 3분 가열하면 필요량을 간단하게 익힐 수 있다.

퀴노아
(소) (운) (혈) (피) (암)
단백질, 비타민B1, 비타민B2, 식이섬유, 엽산

NASA가 우주식으로 채용할 정도로 완전식품에 가까운 식재료. 시금치나 쑥갓다리와 마찬가지로 명아주과. 칼륨은 오이의 3개분. 식이섬유는 바나나의 7개분 해당. 혈액을 맑게 해주고, 장내 환경개선, 암 예방, 빈혈해소, 면역력 UP 등 효능 다수. 퀴노아 양의 1.2배 정도의 물을 넣고 전자레인지에서 4분 가열하면 필요량을 간단하게 익힐 수 있다.

아마란스
(소) (혈) (피)
식이섬유, 비타민B6, 철분, 칼슘, 칼륨

별칭 '신이 내린 곡물'. 필수아미노산을 다량 함유, 피부로의 흡수율이 높다. 철분도 많아 빈혈 예방에 좋으며, 혈당치의 상승을 억제하고 항산화작용도 풍부한 곡물. 백미나 밀가루 알레르기가 있는 반려견에게 권장. 아마란스 양의 1.5배 정도 물을 넣고 전자레인지에서 5분 가열하면 필요량을 간단히 익힐 수 있다.

몸을 식힌다 (냉한성)

오트밀
(소) (혈) (암) (피) (노) (심)
탄수화물, 단백질, 비오틴, 인, 마그네슘

귀리를 건조시켜 잘게 부순 것. 식이섬유와 미네랄의 보고. 현미보다도 영양가가 높다. 지방의 흡수를 억제하고 장내 환경을 정돈해줌으로써 대장암의 발생을 억제한다. 자작한 물이나 스프, 두유 등에 넣어서 전자레인지에 3~5분 가열하면 먹을 수 있다.

율무가루
(신) (소) (폐) (피) (암) (심)
칼륨, 철분, 비타민B1, 비타민B2, 니아신

쌀의 8배나 되는 식이섬유를 함유하여 이뇨·소염·진통 작용이 뛰어나다. 항암물질인 코익세놀라이드도 함유하고 있어서 별칭 '사마귀 제거 묘약'으로 불린다. 죽으로 만들어도 좋지만 조리시간이 걸리므로, 손쉽게 분말로 만들어서 마지막에 토핑한다.

\ 가르쳐주세요, 효오모리 씨! /

반려견 먹거리에 관한 Q&A

워크숍을 지속하다 보니 자주 받는 질문들이 있습니다.
손수 만드는 밥에 관한 소박한 의문들에 대해 하나씩 솔직하게 대답합니다!

Q 영양 밸런스를 제대로 맞추고 있는지 걱정입니다.

매 끼니를 완벽하게 만들지 않아도 됩니다

인간의 밥과 마찬가지로, 끼니마다 영양 밸런스를 완벽하게 맞추어야 하는 것은 아닙니다. 고기 : 채소 = 1 : 1~2의 배율로 여러 종류의 식재료를 주다 보면 80점 정도는 됩니다. 식재료를 번갈아가면서 여러 종류를 먹이는 것이 중요합니다. 늘 같은 고기와 한 종류의 채소만을 수개월 동안 계속 주었더니 반려견의 몸 상태가 안 좋아졌다고 하는 분이 있는데, 그 정도 되면 생명에도 지장이 있을 수 있으므로 주의해야 합니다.

Q 직접 만들어보았는데, 잘 먹질 않아요. 그래도 계속 만들어서 먹이는 게 좋을까요?

정말로 먹이고 싶다면 끈기가 필요해요

무슨 이유인지는 모르겠으나 푸들과 시바견에게서 많이 나타나는 현상입니다. 드라이 푸드 외에 다른 종류를 거의 먹은 적이 없다면, 아무래도 익숙지 않아서 잘 받아들이지 못하는 경우가 있습니다. 만약 반려견의 건강을 생각해서 꼭 집밥을 먹이고 싶다면, 끈기가 필요합니다. 지금까지 주던 밥에 조금씩 섞어서 익숙해지도록 합시다. 고기를 구우면서 냄새를 피워 호기심을 자극하고, 가츠오부시를 이용해 냄새로 유혹하는 등 조금씩 먹도록 유도해봅시다.

Q 드라이 푸드를 안 먹게 될까봐 불안해요.

집밥을 잘 먹는 아이는 대개 드라이 푸드도 잘 먹어요

사실 급한 사정이 생겼거나 어딘가에 맡겨야 하는 등 드라이 푸드를 먹여야 할 때가 있지요. 하지만 만들어준 밥만 먹을 때라도 마른 쿠키나 간식을 먹는 것처럼 집밥을 잘 먹는 아이라면 기본적으로 드라이 푸드든 뭐든 잘 먹습니다. 만약 애견호텔에 맡기는 바람에 수일간 물만 먹었다고 해도, 집에 돌아와 다시 먹게 되면 딱히 문제될 일은 없습니다.

Q 질척질척하게 만든 밥을 먹으면 이빨에 치석이 끼지 않을까요?

오히려 드라이 푸드가 더 이빨에 붙기 쉬워요

종류에 따라서도 다르지만, 질척질척하든 뭐든 상관없이 아마도 드라이 푸드인 경우가 이빨은 더 더러워질 겁니다. 드라이 푸드는 유분이 많아서 이빨에 부착되기 쉽습니다. 일단 집밥을 만들어주고, 만약 신경이 쓰인다면 말의 아킬레스건 같은 딱딱한 간식을 정기적으로 주는 것은 어떨까요?

Q 대형견인데 집에서 만들어주면 돈이 너무 많이 들지 않을까요?

대형견은 원래 돈이 많이 드는 편입니다 ^^

대형견과 살면 원래 돈이 많이 듭니다. 사실 이건 무엇과 비교하느냐에 따라 다르겠지요. 이를 전제로 코스트다운 방법을 생각해봅시다. 또한 집에서 만들어줌으로써 질병의 리스크를 줄일 수 있다면, 어쩌면 더 싸게 먹히는 것인지도 모릅니다.

지은이 효오모리 토모코

애견 건강식 전문가. 가마쿠라에 있는, 반려견의 몸에 좋은 케어용품과 푸드를 취급하는 〈pas à pas〉 대표. 1999년 애견 굿즈숍〈슈나 & 바니〉를 시작했다. 2012년 좀 더 반려견의 몸에 좋은 일을 하고 싶은 열망으로〈pas à pas〉를 오픈하고, 2017년에는 '자연의료애니멀 클리닉'에서 식사요법 지도자 자격을 취득했다. 현재는 자신의 경험과 전문성을 기반으로 '애견 수제 밥' 워크숍도 정기적으로 실시하고 있다. 저서로는 『강아지 밥의 교과서』 외 다수. 반려견은 나쟈와 코보.
http://www.pas-a-pas-inuneco.com

기본 육수로 손쉽게 만드는 행복 밥상

강아지 밥의 교과서

초판 1쇄 발행 2019년 9월 9일
초판 3쇄 발행 2024년 11월 10일

지은이 효오모리 토모코
옮긴이 박진희
펴낸곳 레드스톤(주식회사 눈코입)

주소 경기도 고양시 일산동구 호수로 672 대우메종리브르 611호
전화 070-7569-1490
팩스 02-6455-0285
이메일 redstonekorea@gmail.com

ISBN 979-11-88077-31-1 13520

- 값은 뒤표지에 있습니다.
- 파본은 구입하신 서점에서 교환해드립니다.

SPECIAL THANKS

SUNDAY　　Joa　　Timmy　　MUU

Ringo　　Senbai　　Beat　　Pearl　　Laughter